Das Meer

Ehe der Traum (oder der Schrecken) wob
Mythologien und Kosmogonien,
längst ehe man die Zeit in Tage münzte,
war und gab es das Meer, das immer Meer.
Wer ist das Meer? Wer ist dies heftige
uralte Wesen, das die Säulen der
Erde zernagt, das ein Meer ist und viele
und Abgrund und Glanz und Zufall und Wind?
Wer es betrachtet, sieht's zum ersten Mal,
immer. Mit dem Erstaunen, das die schlichten
Dinge bewirken, schöne Abende,
der Mond, das Feuer eines Scheiterhaufens.
Wer ist das Meer? Wer ich? Ich werd es wissen
am letzten Tag, dem nach der Agonie.

JORGES LUIS BORGES

Die Landschaft machte einen trostlosen Eindruck, aber es war nicht zu leugnen,
dass sie lesbare Züge besaß und dass ich in ihr existierte. Das war eine Entdeckung –
ihr Anblick. Ich dachte: Nirgendwo ist auch ein Ort. Hier waren keine Stimmen
zu hören. Nichts als das patagonische Paradox: winzige Blüten in endloser Weite.
In Patagonien musste man zwischen dem Winzigen und dem Weiten wählen.

PAUL THEROUX

Die Freiheit,

ELIDA FERNÁNDEZ
FOTOGRAFIEN VON JUTTA RIEGEL

Aus dem argentinischen Spanisch von Silke Kleemann

das Meer

ÜBER DAS KARGE UND DAS REICHE AN EINEM RAND
DER WELT

CORSO

Im Versuch, einen Blick dessen Teil Patagoniens zu beschreiben, der in der Provinz Chubut[1] liegt, welcher für sich allein schon ein unendlich großes Gebiet ist:

Beginnend bei der Andenkordillere mit ihren Bergen und Seen, den dichten Wäldern und wundervollen Landschaften, die vor den mannigfaltigen Farbkombinationen aus Ocker- und Grün-, Gelb- und Blautönen geradezu überfließen, geht es Kilometer um Kilometer Richtung Osten. Auf Straßen, die fast keine Kurven kennen und durch die Hochebene führen – endlose, immer gleiche Flächen, eine monoton an der anderen, strecken sie sich suchend dem Meer entgegen – mit einem Mal erfährt man dieses berauschende Gefühl, wenn die frische, klare Luft in die Lungen dringt, denn am anderen Ende erwarten einen die beständigen *Wächter* dieses Areals: der Wind und das Meer.

In Chubut gibt es nur einige wenige wichtige Städte: Comodoro Rivadavia, Trelew, Esquel, Puerto Madryn – alle mit einer gewissen Autonomie, denn die großen Entfernungen verlangen städtische Zentren, die sich selbst versorgen. Jede von ihnen hat eigene Reichtümer, die nutzbar gemacht werden, um ein Leben in diesen Regionen zu ermöglichen. Mal ist es das Erdöl, mal der Tourismus oder die Industrie, mal die Viehzucht oder der Fischfang.

14 Die verschiedenen Naturschönheiten von Flora und Fauna, die Skigebiete, das Beobachten von Walen und anderen Tierarten wie Seelöwen oder Pinguinen, macht dieses Areal in der Wahrnehmung seiner großen Vielfalt aus.

Eine Provinz, die dazu einlädt, bewohnt zu werden – insofern ist das Wachstum hier in den letzten Jahren eines der größten im ganzen Land. Der Besiedlungsgrad ist, auch wenn er in Bezug auf die Gesamtfläche nicht hoch ist, aufgrund der vorhandenen Arbeitsmöglichkeiten ein Anziehungspunkt für viele Migranten aus Argentinien wie auch aus den Nachbarländern. Chubuts Städte weisen ein besonderes gesellschaftliches Gefüge auf, verschiedene Stränge, Stimmen und Bräuche verknüpfen sich zu neuen Bedeutungen.

Und immer gibt es manche, die nach neuen Nuancen des Zusammen- und des Überlebens suchen. Die meisten bevorzugen Wohnorte im Landesinneren, doch andere suchen die Nähe des Meeres. Sie sehnen sich nach einem Leben, das mehr in der Abgeschiedenheit und Einsamkeit stattfindet. Man könnte sagen, einem Leben in Achtsamkeit, im Einklang mit der Natur. Diese Menschen suchen nach Plätzen an den Grenzen und Schwellen dieser Landschaft, nach Orten, die selbst für die Suche stehen – wohl aus der Überzeugung heraus, das Leben müsse, wie es manchmal heißt, *ein waghalsiges Abenteuer oder gar nichts* sein. Dort errichten sie sich ihren Lebensraum, unter größeren Schwierigkeiten und ohne viele Bequemlichkeiten, aber auf eine Weise, die es ihnen erlaubt, anders mit der Umgebung zu interagieren. So erhalten

---

[1] Die Provinz Chubut steht in Argentinien von den fünf patagonischen Provinzen am stärksten für die Region insgesamt, einmal durch ihre zentrale Lage und dann, weil sie alle Landschaften umfasst, die charakteristisch für Patagonien sind. Im Norden grenzt Chubut an die Provinz Río Negro, im Süden an Santa Cruz, im Westen an Chile und im Osten ans argentinische Meer. Die Gesamtfläche beträgt 224.686 km², Hauptstadt ist Rawson. Chubut hat nach einer Volkszählung von 2010 509.108 Einwohner, das entspricht einer Bevölkerungsdichte von 2.3 Einwohnern pro km².

sie von der Natur die reinsten Früchte, respektieren ihre Zyklen und sind sich bewusst, dass Bewohnen
auch heißt, in sich selbst zu Hause zu sein.

Aus dem Verständnis heraus, dass Ökologie nicht allein die Umwelt betrifft, sondern auch in Form von sozialen Beziehungen und menschlicher Subjektivität auftritt, ist es möglich, in der Begegnung mit diesem Planeten, dem Halt unserer Existenz, Würde und Achtung den Vorrang zu schenken.

Könnte man in die Luft aufsteigen, richtig hoch. Dann hinabblicken und diese besondere Topografie von allen Seiten betrachten: die Ränder, Linien und Biegungen, welche auf verspielte Art verlaufen. Sie kommen und gehen, treiben voran oder weichen zurück, laufen hinauf und wieder hinunter, stürzen wie in einen Abgrund oder halten fröhlich an der Küste inne, die ein Gebiet begrenzt. Beim Schauen ist man versucht, Formen zu erkennen, ihnen Namen zu geben, um damit eine von der anderen unterscheiden zu können.

So bekäme man vielleicht das Gefühl, ein wenig Überblick zu gewinnen, über diese Geometrie, dem launischen Spiel zwischen Land und Meer, einer Geografie, die scharfe Steilufer aufwirft, abrupte Abhänge, die niemanden vorüberlassen; Schluchten, die an alte und tiefe Bergkessel erinnern, manchmal umschlossen sind von Hügeln aus kreideweißem Gestein. Diese unbewachsenen Passagen muten seltsam an, wie sie so aus dem Nichts in dem eintönigen Ockergrün der Vegetation erscheinen, fast wirken sie wie Wegweiser. Mit einem Mal wieder ein Graben, durch den sich das Wasser des seltenen Regens seinen Weg gebahnt hat, eine kleine Bucht, die die Wasserlinie teilt.
Alles bricht hier hervor, die Sanftheit, das Raue und die unendliche Weite. Winzig Kleines und riesig Großes, die Härte des Klimas, das Locken der seichten Hügel und der Wanderdünen, die vom beharrlichen

Wind fortwährend geformt und getrieben werden. Dahinter, schon weit im Westen, *las bardas*, die typisch patagonischen geografischen Gesteinsformationen, die einige dieser Gebiete vor der voranschreitenden Erosion schützen. Dazwischen eine niedrige Vegetation, in Ockertönen, zartes Grün staubbedeckter Blätter, die, um dem Durst zu trotzen, winzig klein sind. Coirones: Gräser, die wie wachsames Binsengewächs am Wegesrand aus der Resilienz ihre Lebensform machen, sich ohne Widerstand von den Winden beugen lassen, ihre Art des Ausharrens. Wenn sich das Tosen beruhigt, richten sie sich erneut auf und stehen wieder dort in der Sonne, wie stoische Hüter der Steppe.

Lassen wir die Buschlandschaft hinter uns, werfen sich am Ufer die Wellen auf, stark und wagemutig oder ruhig und heiter, im intensiven Blau des Wassers bewahren sie die Geheimnisse des Meeres. Geheime Schätze, dunkle Tragödien, dort in großer Tiefe.

Entlang dieser Ränder, dieser scharfen Kanten spielt sich das Leben ab, innerhalb dieses alltäglichen Mysteriums der Natur erschafft die Geografie ihr Territorium, wie ein weiteres Zeichen für die Endlichkeit der Zeit.

Vervollständigt wird die Landschaft von den Menschen, die sich nicht scheuen, ihr Gesicht mutig in die Kälte zu recken, sich allabendlich in der Küche bei Schummerlicht einfinden, um sich – während der Becher mit dem heißen Matetee von Hand zu Hand geht – ihre Geschichten zu erzählen. Geschichten, die von einem an den nächsten weitergegeben werden, bei wachsenden Heldentaten. Angst und Achtung scheinen sich in dieser Topografie der vom Wind frei gefegten Umrisse, einem Ritual gleich, in stillschweigendem Bündnis zu begegnen. Draußen die Stille der Dunkelheit, in der die Nacht den Mond begleitet *zu gehen, im Gehen Wege machend, Wege übers Meer*, wie Antonio Machado es in einem der Gedichte aus seinen berühmten *Proverbios y Cantares*, den Sprichwörtern und Liederversen, besingt.

DER GOLF

Das Meer und ich, einander gegenüber: In unbeschreiblicher Weite breitet es sein Blau aus, kleidet den Strand in Wellen, verteilt Ufer – ich spüre den Sand unter meinen Füßen nachgeben. Als wäre uns nichts weiter bestimmt, als einander zu betrachten, in stiller Allianz. Das Meer und ich, einander gegenüber in einem Dialog, der keinen Raum für Worte freigibt. Schweigend befinde ich mich hier und frage mich, wie viele Blicke sich wohl vor mir schon so auf diesen Golfo Nuevo gerichtet haben.
Unvermittelt muss ich an Namen denken, deren Ursprung und Identität. Immer hat ein Name mit Anfang zu tun, verweist auf die Grundlage und hinterlässt so eine unauslöschliche Spur. Etwas vom Geist jenes ersten Augenblicks scheint in seiner weiteren Bedeutung durch und gibt eine Richtung vor, die oft Zeiten

überdauert. Insofern verleiht ein Name Sinn und füllt die Vorstellung mit Bedeutung. Ich sehe in Namen ein in Worten gefasstes Erbe und manchmal haben sie einen weiten Weg hinter sich, bis sie das passende Ziel finden; dann lassen sie sich nieder und nehmen, wie in diesem Falle, die Landschaft klanglich in Besitz.

Ich möchte versuchen, an diesem so wundervollen, langgezogenen, sanften Golf – der einem Binnenmeer gleicht – Fuß zu fassen und die ersten Daten vorzutragen, aus dem Jahr 1520, als Magellans Männer diesen Golf entdeckten und, wie es damals üblich war, nach dem Heiligen des Tages *Bahía San Matías*, die Bucht des Heiligen Matthias, tauften. Sie notierten damals: *eine sehr große Bucht, fünfzig Meilen weit, kein Grund zu spüren*. Dieses Charakteristikum der Tiefe machte die Bucht für Seeleute und Kartografen noch bedeutungsvoller und so wurde der Name bald verstärkt zu *Bahía sin fondo*, Bucht ohne Grund.
Der Name *San Matías* bewegte sich, in Richtung Norden (zwischen die Mündung des Río Negro und die nordöstliche Spitze der Halbinsel Valdés) und ließ sich endgültig an dem Ort nieder, den wir heute als *Golfo San Matías* kennen. Dicht darunter, die Bahía sin fondo. Bei dieser Verschiebung blieb der ursprüngliche Golf ohne Namen zurück.
Es folgten eine Reihe späterer Deutungen, die die sicheren Daten, die Magellans Schiffe übermittelt hatten, um Irrtümer ergänzten, denn der eine Golf wurde weiterhin beschrieben, als wäre es der andere. Die

Zeit verging und neue, korrekte Daten kamen hinzu; 1770 erfasste der Steuermann José Goicochea die Lagepunkte des Eingangs zum Golf, heute Punta Ninfas und Morro Nuevo.

Der Name *Bahía Nueva*, Neue Bucht, kam im Jahr 1779 mit Villarino auf. Er fand die Bucht, nachdem er die Siedlung San José gegründet hatte, und nannte sie deshalb *neu*. Später, als man feststellte, dass es aufgrund der natürlichen Anlage keine Bucht, sondern ein Golf war, wandelte man das einfach zu *Golfo Nuevo* um.

Und während ich diesen kleinen Spaziergang durch seine Geschichte mache, scheint es mir, als wäre jede Welle eine Seite, die Erinnerungen auf den Sand ausschüttet, damit die Geschichte nicht mit der letzten Ebbe vergeht.

Die im argentinischen Gewässer liegende Halbinsel Valdés[1] ist ein Teil Patagoniens, jenes großen Land-strichs, der im Lauf der Zeit viele Fantasien und Legenden hervorgebracht hat. Charles Darwin schrieb darüber *Der Fluch der Unfruchtbarkeit liegt auf dem Land*. Diese Worte gingen um die Welt und blieben im Gedächtnis. Jahre später schrieb er, im letzten Kapitel seiner *Reise eines Naturforschers um die Welt* (zuerst 1839 in London veröffentlicht), überrascht, dass sich ihm, wenn er sich die Bilder seiner Reisen rund um die Welt erinnerte, vor allem eine Landschaft zeigte, die sich ihm immer wieder als hartnäckig zeigte und auf besondere Weise in seinem Gedächtnis erschien. Es waren die Bilder jener kargen Ebenen Patagoni-ens, einer, wie er schreibt, ockerfarbenen *dürren Wüste*, staubig und endlos, von den Winden heimgesucht. Er wunderte sich, warum ihm das nicht mit den anderen grünen und fruchtbaren Orten, die er hier und dort gesehen hatte, ebenso passierte. Nach vielen Überlegungen kam er zu dem Schluss, es läge vielleicht daran, dass diese sich zu einem unerreichbaren Horizont verlängernde Weite ein schwer greifbares Frei-heitsgefühl hervorbringt, das der Vorstellungskraft zahllose Wege öffnet, kurz: *der Einbildung volle Freiheit gibt* – und damit vielleicht auch die Sehnsucht weckt, diese Weltgegend zu entschlüsseln, selbst nach den unendlichen Wegen zu suchen.

Genau das empfindet man, wenn man den Umriss der Península Valdés betrachtet. Es sieht geradezu so

---

[1] Die Halbinsel Valdés liegt im Atlantischen Ozean auf dem 42. Breitengrad und ist 3.625 km2 groß. Mit dem Kontinent verbunden durch die Ameghino-Landenge bildet sie im Norden den Golfo San José und im Süden den Golfo Nuevo. Im Osten trennt die Caleta Valdés die Halbinsel vom Argentinischen Meer. Die Halbinsel verdankt ihren Namen dem spanischen Marineminister Don Antonio Valdés (Expedition 1789-1794). Von der Unesco im Jahr 1999 zum Weltnaturerbe erklärt.

aus, als hätte eine Hand die Finger zusammengedrückt, um diese widerspenstige Geografie zu formen, die aus dem Meer hervorbricht, gehalten von einem schmalen Streifen Land, der wundervollen Ameghino-Landenge. Vielfarbige Ockertöne, niedriges Gestrüpp, welches Zeuge der Zeit zu sein scheint. Ein Himmel, der das Meer umgibt, die Stille lediglich durchbrochen vom Pfeifen eines Windes, rechts und links des Weges: Nandus, Guanacos, Steißhühner, Pampahasen. Eine kleine Insel, auf der sich zahllose Vögel zum Nisten einfinden – bei Niedrigwasser ist es möglich, bis dorthin zu laufen. Farmen mit Schafen, die sich gegen den Wind stemmen, und auf beiden Seiten, als wollte es dieses Gebiet umhüllen, das intensive Blau des Meeres, wo sich weiter draußen Wale, Orcas und Delphine tummeln. An der abwechslungsreichen Küste mit Steilklippen, Riffs, Sand- oder Felssträanden trifft man auf Seelöwen, -Elefanten und Pinguine, findet Meeresfrüchte und Muscheln, Tintenfische, entdeckt Lachse und Barsche, manche tiefer im Wasser, andere zwischen den Felsen oder im Sand. Pfade, die auch der Mensch sucht, um von der Natur zu nehmen, was diese ihm zur Verfügung stellt.

Die Península Valdés ist ein aus der Zeit gefallener Ort und das bevorzugte Paradies der *pescadores artesanales*, der *handwerklichen Fischer*. Ein Raum, wo Winziges und Riesiges zusammentreffen – gewiss ein besonderer Ort für besondere Leute, wo der Blick sich *in der Unermesslichkeit der Wüste oder dem Anblick einer winzigen Blume,* so Paul Theroux verliert.

Die Fahrt ist nicht weit. Aus den Asphaltstraßen werden Schotterpisten und bald erscheint auf beiden Seiten das intensive Blau des Wassers, welches die Taille dieser Halbinsel Valdés eng zusammenschnürt. Rechts und links dieser Verengung liegen die Buchten, der Golfo Nuevo und der Golfo San José, als bewachten sie dieses Gebiet, wobei sie ihm zugleich einen grenzenlosen Horizont schenken. Die *Isla de los Pájaros*, die Vogelinsel, erinnert ihrer Form an die Riesenschlange mit einem Elefanten im Bauch, mit der Saint-Exupéry uns in *Der kleine Prinz* beglückt hat. Manch einer behauptet, eben diese Insel habe ihm dafür aus seiner Zeit als Südkurier in Patagonien Ende der 1920er-Jahre als Inspiration gedient.
Wir nähern uns unserem Ziel, den Stränden von Larralde und Riacho. Eine Ansammlung von Hütten und notdürftig errichteten Häusern verrät uns auf den ersten Blick, dass dies das Land starker Menschen ist.

Die Häuser sehen äußerst bescheiden aus, fast keins ist fertiggestellt. Hauptsächlich bestehen sie aus Holz und Blech, da es hier kein Süßwasser gibt, wird auch kein Zement verwendet. Vor den Behausungen liegt alles Mögliche verstreut: Netze, Fässer, Eimer, die eine oder andere Reifenhülle, ab und an auch mal ein Boot oder ein in die Jahre gekommenes Auto. Eine kleine Marienfigur der Stella Maris, der Schutzpatronin der Seeleute – in der Ferne große Flamingofamilien, die den Nachmittag rosa färben.

In den Häusern herrscht eine besondere Atmosphäre, warm und freundlich. Nie fehlt es an einem heißen Matetee – die mit Gasflaschen betriebenen Herdplatten werden in Gang gesetzt, um das Wasser frisch aufzukochen, der Teller mit den *tortas fritas*, den leicht gesüßten Gebäckfladen, geht von Hand zu Hand und das Gespräch fließt munter hin und her. Blicke treffen sich und im Beisammensein wächst die verbindende Leidenschaft, ganz offensichtlich wird sie hier von den Eltern an die Kinder weitergegeben. Eine Leidenschaft mit Tradition, die in dieser bescheidenen Siedlung mit Blick auf das Meer zu Hause ist – voll Stolz nennen die Menschen sich *pescadores artesanales*.

Es ist früh Nacht geworden und wie in jeder zuvor hat er seine Sachen zusammengesucht, rechtzeitig, damit alles bereit ist: seine Stiefel, den Eimer, die Taschenlampe, die er in den frühen Morgenstunden noch eine Weile lang brauchen wir. Er wirft eine gute Handvoll grobes Salz in die Flasche und füllt sie mit Wasser auf, öffnet ein letztes Mal die Tür und schaut, ob es Wind gibt. Einen Augenblick lang bleibt er dort stehen und sieht in den Himmel hinauf, wie jede Nacht, dann tritt er wieder ins Haus und legt sich hin. Ein paar Stunden Schlaf hat er noch vor sich.
Die Morgendämmerung weckt ihn früh, er nimmt seine Sachen und geht hinaus. Das Boot scheint am Ufer schon auf ihn zu warten, wie jeden Tag – er steigt ein und beginnt zu rudern. Er weiß genau, wo er hin will. Dort, wenige Meter vor der Küste, zeigt ihm die orange, wie eine Sonne leuchtende Boje, wo die

Autoreifen liegen, die er ausgelegt hat. Mit einem Gewicht aus Zement hat er die leeren Mäntel der Reifen auf dem Meeresboden fixiert. Er kommt dort an, wie jeden Tag, zieht an den Seilen und der erste Reifen hebt sich. Er greift nach der Flasche mit der Mischung aus Salz und Süßwasser, die er selbst erfunden hat, beträufelt das Innere des Reifens damit und innerhalb kürzester Zeit lösen sich die Kraken und fallen von allein in den Eimer. Er lacht zufrieden, welch' gute Idee von ihm.

Seit Längerem fragte er sich, wie man es wohl schaffen könnte, dass die Tintenfische von selbst loslassen, denn sie von den Reifenmänteln abzubekommen ist schwierig, ihre starken Tentakeln leisten Widerstand. Da muss man wirklich kräftig ziehen und zerren! Und beim vielen Denken und Überlegen war er irgendwann darauf gekommen: Süßwasser mögen die Kraken nicht und das grobe Salz tat ein Übriges – ein kleiner Strahl nur davon und schon lassen sie alle los.

Er wirft den Reifen auf der anderen Seite des Bootes wieder ins Wasser. In ein paar Tagen würde er ihn erneut einholen, man musste den Kraken Zeit lassen, damit sie sich dort niederlassen, in diesen dunklen schwarzen Reifenhöhlen, umringt von Algen. Und während der Wind ihm ins Gesicht schlägt, rudert er wieder zurück, wie jeden Tag, zwischen Himmel und Meer.

Endlich ist die besondere, sehnsüchtig erwartete Ebbe eingetroffen. Nur einmal im Monat steht das Wasser so tief, dass man fünf Tage lang Meeresfrüchte sammeln kann. Zuerst würden sie nach der Miesmuschelzucht sehen, anschließend versuchen, ein paar Tintenfische zu finden. Alle klettern auf den Traktor, einige nach vorne zum Fahrer, die anderen in den Hänger, der Wind scheint sie alle voranzutreiben. Mütter und Kinder. Ein Erbe des Vaters, welches die drei Schwestern Jahr für Jahr weiter ausüben, wenn möglich begleitet von den Jungs – ausgerüstet mit Gummistiefeln, den Haken und Büchsen, in die sie hoffentlich viele Kraken sammeln würden. Ihrer Berechnung nach würde die Fahrt insgesamt ungefähr drei Stunden dauern. Unternehmungslustig und lachend hinein ins Abenteuer: alles aufzuspüren, was die Gezeiten irgendwo versteckt hatten.

Zuerst fahren sie in das Gebiet, wo sie Miesmuscheln züchten wollten. Die waren sehr knapp geworden, daher gab es eine Schonzeit und Strategien zur Aufzucht. Angefangen hatten sie mit Netzen auf dem Grund, um Samenzellen beziehungsweise die Larven einzufangen. Auf diesem Substrat festgesetzt, sollten die Jungmuscheln sich dann gut entwickeln können. Dabei mussten sie aufpassen, dass die kleinen schwarzen Strandschnecken die Muscheln nicht entdeckten, denn die fraßen sonst die ganze Zucht auf. Es war geradezu, als erzählten die Schnecken sich die Neuigkeiten untereinander weiter, um bei dem Festschmaus dabei sein zu können.

Der erste Versuch war kein Erfolg gewesen, zu viel Sand hatte sich dazwischengemischt und es war zu schwer, die Muscheln zu säubern, damit waren sie nicht für Verkauf und Verzehr geeignet. Daher hatten sie es anders versucht, hatten diese hohen Eisengestelle aufgebaut, damit der Sand den Muscheln nichts anhaben konnte. Und diese Gestelle galt es nun zu kontrollieren, dorthin sind sie auf dem Weg. Ihre Blicke verraten, dass es noch nicht gelungen war, aber wie die Flut, werden auch diese Frauen immer wieder und immer weiter dort sein und ihrem Traum folgen, der sie jeden Tag aufs Neue sagen lässt: Hier sind wir.

Die Kinder mit ihren Haken und Eimern haben schon viel von dieser weiten Natur gelernt. Sie wissen, dass die kleinen, fast ganz zertrümmerten Schalen von Miesmuscheln und einige Steine Zeichen dafür sind, dass hier ein Unterschlupf der Kraken sein muss. Fast wirkt es, als legten die Tiere diese Spur dorthin, damit ihre Verstecke nicht entdeckt werden, doch die Kinder nähern sich ganz behutsam und geschickt und stochern genau an diesen Stellen mit ihren Haken. Sind sie zu ungestüm, ahnt der *pulpo*, der Tintenfisch, die Gefahr und klammert sich an den Steinen fest, versteckt sich oder vernebelt die Sicht mit seiner Tinte. Dann ist er kaum mehr zu fangen.

Die Kinder können die einzelnen Arten unterscheiden, es gibt die roten Riesenkraken, die verschlafenen, die aus ihren Schlupflöchern kriechen und dann einschlafen, und die kleinen, dunkleren. Sie wissen auch, dass man die Höhlen nicht kaputt machen darf, denn dann kommen die Kraken nie wieder, und dass man nicht zu grob ziehen darf, da ein Krake dann entzweireißen kann. Manchmal verbergen sich auch unter den Steinen welche, aber die Kinder mögen lieber die, die sich in den Höhlen versteckt halten. Das hat etwas Geheimnisvolles, dieses vorsichtige Tasten dorthin, wohin das Auge nicht reicht. Geschicklichkeit braucht es, sanfte Bewegungen, ganz wie die starke und wilde Natur, die selbst im größten Sturm das Leben, das in ihrem Inneren sprießt, unversehrt lässt.

Heute sollte ein Tag für Venusmuscheln sein, es ist Ebbe und dort drüben auf der einen Seite gibt es eine Bank mit Venusmuscheln. Sie kann die Stellen leicht erkennen, die Muscheln hinterlassen im Sand ein charakteristisches kleines Loch. Aber man darf sich nicht vertun: ist das Loch zu rund, ist es voll Tang, doch ist es ein längliches, zeigt es ein Versteck von Venusmuscheln an. Wenn man ein Weilchen zuschaut, kommt ein kleiner Wasserstrahl hinaus, dann nimmt man die Harke zur Hilfe und da, nur wenige Zentimeter in der Tiefe, sind sie, in Sand gehüllt und schützend von ihrer dicken Schale umgeben. Gleich an Ort und Stelle kann man sie einsammeln, der Eimer füllt sich beständig.
Gloria lädt ihn bis zur Hälfte voll, das sind etwa fünfzehn Kilo, sie muss ihn später auch noch tragen können, auf den Rücken geschnallt. Zum Glück haben sie in der Fischersiedlung seit einiger Zeit einen Traktor und die Arbeit ist nicht mehr ganz so schwer. Sie liebt diese Arbeit. Sie lebt in Puerto Madryn, hat aber innen an der Haustür den Gezeitenplan hängen und ist immer zur rechten Zeit an Ort und Stelle. Voller Stolz führt sie die von ihrem Vater begonnene Arbeit, seine *begonnene Furche* fort, ganz ähnlich, wie es E. Morgan Roberts in diesen schönen Zeilen anklingen lässt: *jeden meiner Wege würde ich hergeben/ für jene alte Furche ohne Biegung.*

Die Männer und Frauen, die zwischen Sand und Meer eine enge Verbindung mit dieser Natur eingehen, der Landschaft, die sie umgibt. Sie treten in einen Dialog mit ihr – einen Dialog, welcher schon seit jeher durch Tun und Sprache weitergegeben wird, durch Übermittlung und Lehre.

Diese Männer und Frauen, die den Blick über den Horizont hinaus richten und etwas *strahlen* sehen, dort, wo die Winde vielleicht erzählen, dass das Meer eine Ruhepause erbittet. Sie, die erlernt haben, die Sprache dieser Natur zu verstehen – welche in Form von Geräuschen und Stille, Ruhe und Sturm zum Ausdruck kommt –, lassen diese Sprache auf sich wirken und suchen nach Formen, das entgegenzunehmen, was die Natur ihnen anbietet. Sie suchen nach einer Form mit der Natur in Kontakt zu treten, auf einfache Weise, in den tieferen Sinn des spanischen Wortes *con-tacto* eintauchend *mit Gefühl* indem sie ihr mit Demut begegnen und sie bewundern, um in dieser Landschaft einen Lebensraum einzunehmen, der ihnen entspricht. Ein *arte-sano* (spanisch *artesano*, Handwerker; *arte*=Kunst, *sano*=gesund), eine gesunde Kunst, achtsam, sorgfältig, aufmerksam. Aus dem genauen Hinschauen und Hineinhorchen dieser Menschen ensteht eine tägliche Übung. Diese bringt eine Ästhetik des Lebens mit der Ethik in Einklang, die uns sagt, dass Werte das sind, was eine *Wohnstatt* überhaupt erst bewohnbar macht. Das Leben hier bewohnbar zu machen heißt, es bewusst zu gestalten, mit allen, mit Menschen, Fischen, Krustentieren,

Meeresfrüchten. Alle Wesen stehen in Beziehung zueinander, wir sind Durchreisende für einen Zeitraum, den die Zeit uns zur Verfügung stellt.

Mensch und Beute sind womöglich gleichsam *Beute* eines Ringens ums Überleben, einer Begegnung, in der Leben und Tod aufeinandertreffen, damit der Kreislauf des Lebens weiterläuft, Tag für Tag und Nacht für Nacht. In möglicher Würde suchen sie dieses Gleichgewicht, das das Universum dem einen wie dem anderen auf dem Lebenspfad vorgezeichnet hat.

LOS CAMPAMENTOS

Mit der Errichtung der *campamentos*, wie die behelfsmäßigen Siedlungen gleich am Strand genannt werden, wurde schon vor vielen Jahren begonnen. Anfangs waren es Männer, die je nach Wasserstand kamen und gingen, um hier frische Ware für den Verkauf im Ort zu fangen. Sie blieben vielleicht zwei oder drei Tage, bis sie genug gefangen hatten, damit es sich lohnte, die Fahrt hierher auf sich genommen zu haben. Zunächst brachten sie nur wenige Sachen mit, nur das Allernötigste, und einen *mono*, wie sie die unerlässlichen Kleidungsstücke und Überwürfe nannten, aus denen sie sich nachts einen Schutz bauen konnten, der zugleich als Unterlage und als Decke diente. Essen war nicht so wichtig; sie wussten, dass das Meer immer für sie sorgte. Dieser Strand hielt zwischen den Steinen und im Sand viele verschiedene Tierarten bereit und da die Gezeiten so unterschiedlich waren, hatten sie gelernt, gleich vor Ort auf die Früchte zu warten, die die Wellen brachten.

Wenn es Abend wurde, machten sie hinter einem Busch ein Lagerfeuer, darüber ein rußgeschwärzter Topf mit ihrer Meeresernte und als Beilage natürlich Reis und Nudeln. Belebt wurde das Gespräch durch die Weinflasche, die nie fehlen durfte, von Hand zu Hand weitergereicht wurde und deren Inhalt sie später schläfrig machte und ihnen beim Einschlafen half. Eine Nacht unter einem Dach aus Sternen.

Nach und nach gewöhnten sich die Ersten an, ein paar Tage länger zu bleiben. Andere ließen zwischen einem Besuch und dem nächsten ein paar Dinge da und weil die Nachfrage nach Meeresfrüchten und frischem Fisch durch Tourismus und Fischereibetriebe stieg, entstanden fast unmerklich, notdürftig und mit allem, was gerade zur Hand war, die ersten *campamentos*, die ersten Ansiedlungen. Das Leben dort war eine sonderbare Mischung aus Heldenmut und Bohème, alles hatte eine Note von Instabilität und Ungewissheit, doch all das, was fehlte, schien den Leuten noch mehr Kraft zu verleihen. Kälte und Wind gruben Furchen in ihre Haut, stärkten jedoch den Überlebenswillen – und so blieben sie, Männer und Frauen und mit ihnen die Kinder.

Für alle war die Arbeit die immer neue Motivation für den nächsten Tag. Die improvisierten Zelte und die

alten Autos, die als Zuflucht herangefahren wurden, wichen allmählich bescheidenen, nach und nach er-
richteten Häuschen. Für den Bau verwendete man, was man hatte und was man fand: Blech, Holz, Taue. Strom gab es nicht, kein Gas, keine Gehwege oder fließendes Wasser, keine Ärzte oder Lehrerinnen oder Läden. Doch die Menschen blieben, umgeben von einer schönen und rauen Natur, und setzten auf die Zukunft. Als gäbe eines dem anderen Halt, als hielt eine unsichtbare Zuneigung die Unsicherheit und die Laune aufrecht. Das war vielleicht das Besondere in den Siedlungen: Eine stille Kraft hielt die Menschen davon ab, aufzugeben. Vielleicht stärkte die Landschaft den Geist oder es war die mit jedem Tag neue Herausforderung.

Denn dort zu arbeiten heißt, von Tag zu Tag mehr zu arbeiten: Das Wasser muss in Fässern herangeschleppt werden, die Nächte sind nur spärlich von Laternen erhellt und Herde und Heizkörper werden mit Gasflaschen betrieben. Gestrichen sind die Häuser – wenn überhaupt – in den verschiedensten Farben und sie haben nur wenige und winzige Zimmer; Kämmerchen, die eins nach dem anderen angebaut wurden, damit alle Platz finden. Die Küche ist der allgemeine Treffpunkt, ein Fenster blickt nach draußen und es fehlt nicht an Heiligenbildern von der Jungfrau Stella Maris. Gewöhnlich hängen mehrere Kalender an den Wänden, einer zeigt die wichtigen Gezeiten an, andere wirken wie stille Wächter vergangener Epochen. Das Öl brutzelt um den saftig frittierten Fisch, während der Duft in die Sinne dringt. Ein Tisch und ein paar bunt gemischte Stühle in immer einer gewissen Dämmerung, selbst bei strahlendem Sonnenschein.

STELLA MARIS

Bitte für uns, die Armen,
die wir in schwachen Booten fahren unser Brot zu verdienen,
und für die Lieben, die wir an Land zurücklassen,
Herrin des Meeres
Bitte für die armen Frauen, die auf die Rückkehr derer warten,
die bereits in See gestochen sind,
lass ihre Lieben niemals sterben,
Herrin des Meeres
Bitte für die Seelen der Ertrunkenen, derer,
die der Sturm mit sich gerissen hat,
und für die Herzen, die auf die Gegangenen warten,
Herrin des Meeres
Bitte für die Babies in der Wiege, bitte für die Kinder,
die einst kommen,
in deinen Wellen ihr Glück zu versuchen,
Herrin des Meeres

regionales Gebet

Es ist früher Morgen, Cándida schaut aus dem Fenster aufs Meer. Sie kennt die Playa Larralde wie ihre Westentasche – das Wasser ist weit zurückgegangen; wenn sie sich beeilt, hat sie drei oder vier Stunden Zeit, um Tintenfische zu fangen. Sie nimmt ihren Haken, die Blechbüchse und läuft los Richtung Strand. Die Ebbe legt Furchen im Sand frei, ähnlich jenen, die das Leben, die Sonne und der Wind in ihr Gesicht geschrieben haben. Ihr Blick erfasst alles rundherum. Sie weiß, wie man schaut; sie weiß, dass die großen Kraken, die roten, zwischen den Felsen sind. Dort wird sie mit ihrem Haken stochern und sie herausfischen. So stöbert sie stundenlang einen nach dem anderen auf. Niemand ist darin so gut wie sie, manch' einer nennt sie deswegen *Doña Pulpo | Frau Tintenfisch*. Wenn sie das hört, lächelt sie.

Lang ist das her, ihre Lehrzeit; mit ungefähr sechs Jahren begann sie, ihre Eltern zu begleiten, und half ihnen beim Krakenfischen, dieses *Pulpear* ist ihr in Fleisch und Blut übergegangen. Sie könnte nichts anderes tun, es ist ihr Leben: Ausschau halten, zwischen den Felsen stöbern, die Büchse vollmachen und nach Hause tragen.
Sie erinnert sich an damals, als ihr Vater mit Reisig und Zweigen des Jarilla-Busches gedeckte Hütten baute. Darin legte er grobe Säcke über ein Gerüst und verteilte die Tintenfische darauf. Eis wurde als

Block gebracht, dann klein gehackt und über die Tintenfische verteilt, eine Schicht nach der anderen; zum Frischhalten besprühten sie das Ganze mit Salzwasser. Der Fang hielt sich so bis zu vier Tage. Heute wird der Fang direkt zu den weiterverarbeitenden Fabriken gebracht oder mariniert.

Das Leben und die Zeit haben Cándida vieles gelehrt. Wenn es beispielsweise Sturm gibt, ein Blitz am Himmel steht, gilt es, den Haken einzupacken und schnell nach Hause zu laufen, um sich in Sicherheit zu bringen. Lässt das schlechte Wetter wieder nach, schaut sie aus dem Fenster: Das Meer wird ihr sagen, ob sie weiterfischen kann. Dann nimmt sie ihren Haken, geht zum Strand und der Tag beginnt von neuem.

Juan war erst wenige Jahre alt, als auch er schon mit seinen Eltern an die Küste ging, um ihnen zu helfen. Seinen neugierigen Augen entging nichts. Er lernte, wie die Winde wehen, welche man nutzen kann und vor welchen man sich hüten muss. Mit zwölf fing er an, es zu probieren, mit fünfzehn fuhr er zum ersten Mal auf See. Er war noch nicht volljährig und hatte keine Borderlaubnis. Mehr als einmal versteckte er sich im Laderaum, damit die Seemänner ihn nicht fanden. Er fischte von überall am Strand mit dem Haken Tintenfische, vom Boot aus tauchte er nach Meeresfrüchten. Fünfzehn oder zwanzig Meter tief tauchen, an den Sauerstoff angeschlossen, sucht er den Meeresgrund nach Magellan-, Mies-, Jakobs-, Elefanten-rüsselmuscheln und Tintenfischen ab. Ein Schlauch verbindet die Taucher mit dem Leben oben auf dem

Boot, versorgt sie mit Luft. Sie haben einen *salabardo*, einen Fischköcher dabei, in den sie ihren Fang legen. Ist er voll, wird er an einem Schlauch nach oben gezogen, während ein leerer hinabgelassen wird, um den Prozess nicht zu unterbrechen. Von März bis September ist die Fangzeit für Meeresfrüchte – da stehen sie parat, warten auf die besten Gezeiten. Sehen in den Himmel, um zu erkunden, aus welcher Richtung die Winde kommen; sehen auch in die Weite des Meeres, ob es sich ruhig verhält oder voller Wellen ist, die am Horizont wilde Landschaften entstehen lassen.

Cándida und Juan mussten sich einfach finden, da ihre Leben dieselbe Leidenschaft teilen. Dieser Moment kam, als er siebzehn war und sie vierzehn – seither sind sie zusammen, seit siebenundvierzig Jahren. Mit der Zeit kamen die Kinder, zehn, um genau zu sein. Wie ihre Eltern lernten auch sie, mit dem Meer zu leben und die Stellen zu erkennen, wo die Gezeiten ihre Früchte hinterlassen; es nicht zu fürchten, vielmehr zu respektieren in seinen vielfältigen Seiten. Sie haben gelernt, dort zu leben, mitten am Strand, bescheiden. Ein Leben mit den Gezeiten, alle sechs Stunden, und sie wissen, dass das Wasser sechs Stunden lang steigt, dann 45 Minuten ruht, um wiederum sechs Stunden zu sinken und erneut 45 Minuten zu ruhen. Auf diese Zeit blicken sie und warten. Denn der Moment zwischen der einen und der anderen Phase ist es – wie viel Uhr es auch sein mag –, qin dem sie die Gerätschaften packen und an die Arbeit gehen – ob es heiß ist oder kalt, bei Mondschein oder Sonne.

In dem Maße, in dem die Fischergemeinden wachsen, lassen sich einige Familien fest dort nieder. Mit ihnen die Kinder, die zwischen den Behausungen herumrennen und spielen, Netze in die Sonne legen, Eimer säubern, Kisten stapeln, hin und wieder auch einen Ball kicken.

Jeden Tag bringt die Natur diesen Kindern viel Wissen, die Umgebung wird lebendig in ihren Händen, Augen, all ihren Sinnen. Das tägliche Beobachten, das beständige Vorbild der Erwachsenen und die Möglichkeit, ihr eigenes Leben zu gestalten, legt ihnen diese Welt zu Füßen. Aber das Leben in der Gesellschaft erfordert noch andere Kenntnisse. Allein das natürliche Umfeld verstehen zu können, ist nicht genug. Man musste einen Platz fürs Lesen und Schreiben schaffen, um so Zugang zu einer Welt größerer Dimension zu erlangen. Doch dafür bedurfte es einer Schule.

So kam es, dass die regionale Bildungsbeauftragte aufmerksam wurde und persönlich mit drei Vorschlägen nach Riacho kam, um irgendwie Abhilfe zu schaffen. Der erste Vorschlag ihrerseits war, die Kinder mit dem Bus in die etwa vierzig Kilometer entfernte Schule nach Puerto Pirámides zu bringen, den einzigen größeren Ort auf der Halbinsel. Der zweite, ein oder zwei Einsatzwagen bereitzustellen, mit denen die Lehrerinnen zwei bis drei Mal pro Woche von Haus zu Haus fahren könnten, so ließen sich auch die Kinder auf Estancias in der Nähe mit einbeziehen. Als dritte Variante schlug sie vor, eins der Fischerhäuschen in

Riacho, das nicht genutzt wurde und geeignete Räume besaß, zur Schule umzubauen. Dafür waren zwar noch einige Anpassungen nötig, trotzdem fiel letztendlich die Entscheidung für diese Option; achtzehn Kinder, die gruppenweise unterrichtet wurden, besuchten diese Schule. Es gab eine Lehrerin, die zugleich Rektorin war, und zwei bis drei Mal pro Woche kam eine Hausmeisterin. Montags war kein Unterricht, da die Institution für das Personal schon eine großen Aufwand bedeutete.

Manchmal brachte die Lehrerin Kinder sogar persönlich aus der Fischersiedlung von Larralde mit. Meist wurde sie schon am Tor zur Siedlung von den wartenden Kindern empfangen, die unbedingt mit zur Schule nach Riacho wollten.

Die Schule hielt sich so eine ganze Weile und wuchs zeitweise sogar. Irgendwann entwickelte sie sich jedoch zurück, weil die Schüler älter wurden, die Schule irgendwann verließen und kaum Nachwuchs vorhanden war. Daher wird sie heute ebenfalls für Erwachsene genutzt, denn auch in dieser Generation haben viele keine oder eine nur sehr geringe schulische Bildung. So öffnet sich der kleine Fischerort allmählich hin zu einer weitergefassten und reicheren Welt. Den Bewohnern ist eines ziemlich klar: Das Alter ist nur eine Frage der Haltung. Für sie besteht die *Würze des Lebens* darin, sich zu nähren und geistig weiterzu-wachsen – diese *Würze* gönnen sie sich täglich zur selben Stunde wie als eine Beilage zu ihren Speisen.

Da eins zum anderen führt, wurde in der Siedlung außerdem eine evangelische Kirche errichtet, die seither die Gläubigen begleitet und zu einer wichtigen Stütze der Angehörigen dieser Glaubensrichtung geworden ist, wobei die Solidarität untereinander charakteristisch ist.

Viel Mühe und ein starker Wunsch haben es möglich gemacht, dass diese etwa 26 Familien langsam, aber beständig ihre Lebensumstände verbessern und ihre Position in diesem von ihnen gewählten Lebensraum festigen können, so hartnäckig Wind und Gezeiten auch auf sie einstürmen.

Schon seit zwanzig Jahren setzt sich besonders eine Lehrerin dafür ein, dass die Schule von Riacho konstant für alle ein Ort zum Lernen ist, und zudem Geborgenheit spendet. Die Gemeinde wollte daher der Schule gern den Namen dieser engagierten Frau geben, doch laut Gesetz ist eine solche Ehrung erst zehn Jahre nach Versterben des Betreffenden zulässig – manchmal wird eine Anerkennung erst spät, allzu spät gewährt.

MITBEWOHNER DER CAMPAMENTOS

In den Fischersiedlungen wird man als erstes von den Hunden begrüßt. Ihr Bellen gibt den Bewohnern Bescheid und als gute Wächter des Geländes begleiten sie einen auf Schritt und Tritt. Umtriebig und anhänglich hecheln sie den ganzen Tag von einem Platz zum anderen, tollen vor dem Eingang ihres Hauses herum oder dösen träge in der Sonne, ohne dabei ihre typische untergründige Wachsamkeit zu verlieren. Ganz anders die Katzen. Lautlos und als liebkosten sie mit ihren Körpern alles, woran sie vorüberschleichen, wölben sie die Rücken und heften von ihrem Territorium aus ihre herausfordernden Blicke auf den Besucher. In den Siedlungen leben viele Katzen, sie vertreiben die Nager und sind Experten fürs Herumstreunern zwischen Unabhängigkeit und Komfort. Ihre Streifzüge durchziehen die Nacht mit schrillem Geschrei, seien es Rufe nach Nähe oder Revierverteidigung. Beide, Katzen wie Hunde, ob sie sich nun verstehen oder auch nicht, geben sich gern herrschaftlich hier im Ort.
Manchmal verleihen auch einheimische Tiere den *campamentos* eine bunte Note. Vielleicht spaziert ein *Chulengo*, wie die kleinen Guanakos genannt werden, vorbei, schlank und behende, mit diesem sanften, zahmen Blick zwischen dicken Wimpern. Doch diese Tiere können sich auch zur Wehr setzen, ihre Hufe treten schnell aus und das sympathische Maul kann überraschend jeden anspucken, der ihnen zu nahe kommt. Auch die *Maras*, die Pampashasen, lassen sich zähmen – und gelegentlich sieht man ein Stinktier.

Oft tauchen Lämmchen auf, die aus irgendeinem Grund nicht von der Mutter angenommen worden sind.
Sie lassen sich leicht zähmen und die Kinder streiten sich darum, wer ihnen die Flasche geben darf. Sanft
und niedlich mit ihrem flauschigen Fell, sind die Lämmer jedermanns Liebling.

EL PETISO

Die würzigsten Gespräche ergeben sich am Abend, im Kreis der Freunde, wenn sie nach dem Essen noch
beisammensitzen und die Worte wichtig werden. Sie haben sich einen traditionell am Kreuzspieß[1] gegrill-
ten patagonischen Lammrücken gegönnt und während in der Feuerstelle die letzten Aschereste glühen, mi-
schen sich Lachen und Schweigen – öffnen allmählich den Raum für jenes alte Ritual: einfach dazusitzen,
im flackernden Schein des Feuers eine Geschichte nach der anderen erzählen, Erinnerungen aufleben lassen, als wäre dies alles hier ein großes Fest. Die Blicke suchen einander, das Wort übernimmt die Führung.

So sitzen sie, als einer von ihnen sich an *el Petiso*[2] erinnert, einem Original aus dieser Gegend, das landein-
wärts wohnt und ganz hingerissen ist von dieser wilden Natur und all dem, was sie zu bieten hat. Manch-

mal geht er selbst auf Fischfang, läuft gern an den Stränden entlang und kuckt, ob etwas angebissen hat, mischt sich unter die Fischer, wirft ein paar Netze aus oder bleibt gelegentlich zum Übernachten in der kühlen Abendbrise am Strand. In den Siedlungen ist er weithin bekannt und sehr beliebt. Die Menschen schätzen an ihm, dass er immer irgendeine neue Idee mitbringt, auf die sonst keiner kommt. Er hat geschickte Hände und viele Einfälle, wie man die auftauchenden Probleme lösen kann, man hört ihm zu und folgt seinem Beispiel.

Oft spaziert er am Ufer entlang, wenn die Flut dort eine Algendecke angespült hat. Dann sucht er nach dieser leicht rötlichen Sorte, den Rotalgen oder Gracilaria. Diese kocht er, lässt sie abkühlen und trocknen und macht daraus Agar-Agar[3], welches er später zu Haarfestiger oder Bindemittel für Speisen und Nachtische weiterverarbeitet, als eine Art Gelatine. Er verteilt sein Produkt unter die Nachbarn, manche schauen nur misstrauisch, andere probieren es mutig. Dann lacht der *Petiso* und bleibt seinem Tun treu.

Die beliebteste Geschichte über ihn ist die eines gestrandeten Wals, den er einmal an einem nahen Strand entdeckt hat. Da sein Vorstellungsvermögen ähnlich weit ist wie der patagonische Horizont, begann er zu überlegen, wie er es anstellen könnte, den Tran dieses Wals zu gewinnen. Er sah sich um, kalkulierte die Entfernung, die Windrichtung, Gefälle und Neigung – und schließlich hatte er es. Er besorgte sich ein

---

[1] Stabkreuz, an dem das Lammfleisch befestigt wird. Wird senkrecht in den Boden gesteckt zum langsamen Grillen.

[2] El Petiso: Spitzname von Deogracias Ramón Fernández, einem wohlbekannten Siedler aus Punta Delgada auf der Península Valdés. Übersetzt etwa »der Kleine«.

[3] Agar-Agar: Geliermittel aus Meeresalgen

Wellblech, befestigte es über dem Tier, wobei er das eine Ende auf ein senkrecht aufgestelltes Holzstück stützte, das andere neigte sich so leicht zu aufgestellten Flaschen mit großer Öffnung hin. Unter dem Blech entzündete er ein Feuer, schnitt nach und nach Stücke vom Walfett ab und legte sie auf das Blech. Durch die Hitze schmolz das Fett heraus und floss durch die Rinnen des Blechs in die Flaschen. Wer in dieser Zeit zufällig am Strand vorbeikam, sah ihm ein Weilchen nachdenklich zu, ließ sich vielleicht für ein paar Minuten neben ihm nieder – sich fragend, was er nur mit diesem Tran machen wolle.

Nach einigen Tagen lud er alles auf seinen Lieferwagen und fuhr davon. Später erfuhr man, dass er diesen Tran dafür nutzte, um seine Zaunpfähle zu streichen, als Schutz gegen Verwitterung.

Das Gespräch verebbt und sie sinnieren darüber, dass ihr Freund vielleicht gerade jetzt in diesem Augenblick – so wie es seine Art war – dabei sein könnte, eine Möglichkeit zu entdecken, wie man den Winden oder der Dürre, dem Frost oder der intensiven und trockenen Hitze des Sommers entgegenwirken vermochte.

Die weiten Horizonte Patagoniens sind geradezu ideal dafür, der Vorstellungskraft neue Wege zu öffnen.

Ich weiß nicht, wie er hieß. Er saß da, auf einem Felsen, die Hosen hochgekrempelt, seine Füße berührten das Wasser. Es schien, als wartete er darauf, dass die ihm gegenüberliegende Weite die Nacht brachte, die sich näherte, während sich im Westen der Himmel rotscheinend im Horizont verlor. In die Siedlung kehrte inzwischen Ruhe ein, die Netze waren weggepackt, die Töpfe summten auf den Kochstellen, die Gasflammen schenkten den Menschen wohltuende Wärme.

Er war auf dem Felsen sitzen geblieben und sagte unvermittelt: »Hören Sie, das ist das Pulsieren der Stille.« Ich war mir nicht sicher, ob er mich meinte, und hatte zugleich das seltsame Gefühl, als bliebe die Zeit stehen. Ich war ganz still, so still wie dieses Stück Land, dem ich mich schon zugehörig fühlte.

Langsam nahm ich wahr, wie so etwas wie ein Pulsieren zu mir drang, das Universum schien in Bewegung. Ich vernahm ein Knacken, hier und da das ferne Kreischen einer Möwe, einen Wellenschlag und durch ein offenes Fenster Stimmen, die im Flüsterton die Erinnerung furchterregender Geschichten des *bösen Lichtes*[1] hervorholten.

Ich konnte sehen, wie sie dort rund um den Tisch beisammensaßen, das Licht Schatten über ihre Gesichter werfend. Die Angst kam wie ein Überraschungsgast, dem niemand in dem Kreis der Fischer einen Platz anbieten wollte. Der Begriff allein genügte, das *böse Licht* erschien, wenige Meter über dem Boden blitzte

---

[1] Berühmter Mythos der argentinischen Folklore, auch bekannt als »Laternengeist«. Insbesondere in einsamen, abgelegenen oder ländlichen Gegenden, wo man an keine wissenschaftliche Erklärung glaubt. Heutzutage geht man davon aus, dass der Mythos seinen Ursprung in dem realen Phänomen der »Irrlichter« hat, einem sich über dem Boden hin- und herbewegenden Schimmern kleiner Flammen, vermutlich hervorgerufen durch Selbstentzündung der Gase von verfallendem organischen Material.

es unverhofft auf. Manche behaupten, es komme vom Körper irgendeines Toten, dem dort am Boden sein Leben ausgelöscht wurde, und nun spiegele sich sein Leid darin, worin der Tote nach Rache suchte, jeden verfolgend, der ihm nahe kam. Andere stritten dies ab und meinten, das Licht käme von Tierknochen. Doch eins war sicher: Es bedeutete nichts Gutes.

Manch einer beharrte darauf, ein Gebet zu sprechen und das Licht, falls nötig, mit dem Messer anzugreifen und dabei bloß nicht zu vergessen, vorher in die Messerscheide zu beißen. Feuerwaffen wären völlig machtlos.

Während die Ängste in solchen Gesprächsrunden immer größer wurden, füllte der Wein die Gläser dieser starken, rauen Fischer mit Courage. Keiner von ihnen gab zu, diese Lichter zu fürchten, denn sie, die es gewohnt sind, auf Augenhöhe mit dieser starken Natur zu leben, entblößen ihre Gefühle nicht gern. Daher nur dieses Pulsieren, pochend und zittrig fein. Ein ganz still in den Körpern dieser Männer bewahrter Pulsschlag, zwischen Mond und Gezeiten, so wie ich ihn in der Nähe dieses Mannes erlebte.

SAND

Lange schon zieht er von einer Siedlung in die nächste und immer wieder fragt er sich, was es wohl mit den stillen *Wanderern* auf sich haben mochte, von denen man ihm eines Abends erzählte. Er konnte sich diese Landschaft einfach nicht vorstellen, gleichzeitig übte sie eine starke Faszination auf ihn aus. Ganze Sandflächen sollten das sein, die sich bewegen, zwischen fünfundzwanzig und dreißig Metern pro Jahr können es sein.

Schließlich war seine Neugierde so stark, dass er seinen Pick-up in die entsprechende Richtung lenkt, um sich selbst ein Bild zu machen. Man sagte, dass die Winde aus dem Westen bis in dieses Gebiet dringen und kräftig gegen die Dünen wehen. Dünen, die wie verlassene Sandhügel daliegen, nur teils und dann niedrig mit Kriechpflanzen bewachsen sind. Der lose, flüchtige Sand würde von den Winden verweht und hinterlasse feine, harmonische Muster in den Dünen. Doch der Harmonie fehlte es nicht an Kraft – die Hügel, die sich vor ihm wellen, sollen bis zu zwanzig Meter hoch werden können. Einer neben dem anderen, nahezu in einanderübergehend, bilden sie Dünenfelder, so weit das Auge reicht[1]. Wandte er den Kopf, blickte von einer Seite zur anderen, ähnelte diese unbeschreiblich beigefarbene Weite, auf die die Sonnenstrahlen fast senkrecht niederfallen, tatsächlich stark der endlosen Dimension einer Wüste. Er konnte gar nicht anders, sein Blick wurde versonnen gefangen und verlor sich in der Landschaft.

[1] Alle aktiven Dünen insgesamt nehmen eine Fläche von etwa 40 km2 ein und liegen im südwestlichen Sektor der Halbinsel Valdés. Sie können bis zu 40 Kilometer weit ins Landesinnere eindringen, auf einer Breite von 5 Kilometern. Das Phänomen dort ist einzigartig in Patagonien.
[2] Die Estancia »Bella Vista« der Familie Olazábal.

Nur schwer konnte er sich vorstellen, dass die konstante Kraft der Winde, welche gegen diese schweren Sandberge drückt, im Vorüberwehen nach und nach die Geschichte verdeckt, diese Harmonie der Formen verändert, gleichwohl Spuren wieder freilegt. So wurden zum Beispiel Pfeilspitzen der Ureinwohner dieses Landstrichs gefunden, Fundstücke aus der Zeit der Konquistadoren. Mitten in dieser Betrachtung entdeckt er die frischeren Überreste eines Anwesens[2], welches ebenso vom Sand überweht wurde. Unregelmäßige, von der Zeit bewahrte Ziegelreihen und weiter drüben ein paar Bäume, die ebenfalls verschüttet waren, erscheinen wie tote Stümpfe.

Etwas erweckte seine Aufmerksamkeit, an diesem dantesken Ort schien etwas Magisches hervorzusprießen: In Reichweite seiner Hand, am untersten Ende dieser Stämme, sah er ein paar zarte Blätter sprießen. In frischem Grün suchten sie das Licht, strebten hin zum Leben. Ihm fiel wieder ein, was man ihm erzählt hatte, und er ertappte sich bei dem Gedanken, dass es wirklich wahr war: In jeder Dunkelheit gab es einen Lichtschimmer, denn dort, wo die Dünen vorüberziehen, entsteht große Feuchtigkeit und bildet Wasserbecken, die später neuer Steppe den Weg ins Leben bahnen.

Die Sonne ging schon unter; er musste in die Siedlung zurückkehren, sein Boot erwartete ihn am Strand. Wenn er sich nicht beeilte, würde er die Flut verpassen – in ein paar Stunden bricht ein neuer Morgen an.

Die Gruppe gälischer Siedler, die 1865 an Bord des Schoners *Mimosa* in Patagonien eintraf und Puerto Madryn gründete, war sich bereits vor der Ankunft darüber im Klaren, dass dies nur eine Durchgangsstation für sie sein könnte, denn in dieser Gegend gab es kein Trinkwasser. Deshalb zogen sie fast siebzig Kilometer weiter in den Süden, ließen sich dort am Ufer des Río Chubut nieder und benutzten Puerto Madryn nur zum Ein- und Ausschiffen ihrer Ernten und sonstigen Waren. Noch lange Zeit später stieß jeder, der an dieser Küste eintraf, gleich nach der Ankunft auf eine Bekanntmachung an der Wand der Unterpräfektur. Die Bronzetafel verkündete in sechs verschiedenen Sprachen, fast wie eine Drohung oder ein Verbot: *Von hier bis zur Kolonie sind es einundfünfzig Meilen ohne Wasser.*

Seither war es immer ein schwieriges Unterfangen, die Wasserversorgung zu gewährleisten. Es regnet selten, und nur in den weit entfernten Kordilleren gibt es wunderbare Seen und Lagunen, doch aufgrund der riesigen Entfernungen war es ganz ausgeschlossen, von dort Wasser herzubringen. Erst 1927 gelang der Bau des ersten Aquädukts. Er transportiert Wasser vom Río Chubut in den Ort nach Puerto Madryn, über eine Strecke von fünfundsechzig Kilometern, und ist die einzige Trinkwasserquelle im Nordosten der Provinz.

Die Península Valdés teilt dasselbe Schicksal. Durch die Errichtung von Windmühlen gelingt es den Sied-

[1] Salinas Grandes ist der Name eines großen, kreisförmigen endorheischen Beckens im südlichen Zentrum der Halbinsel Valdés. Durch Erdabsenkungen entstand hier vorübergehend eine Lagune, in der beim Austrocknen Salz- und Salpeterablagerungen mittlerer Größe zurückblieben. Der Ort liegt 42 Meter unterhalb des Meeresspiegels und ist der tiefste Punkt der Provinz Chubut sowie einer der tiefsten in ganz Argentinien.

[2] Auch bekannt als die Quellen von Villarino. Der spanische Expeditionsteilnehmer und Lotse Villarino entdeckte diese Quellen in der Gegend von Salinas Grandes während einer Suchaktion nach Süßwasser in der Zeit der spanischen Besatzung zwischen 1779 und 1810.

lern dort, Süßwasser aus einer Tiefe von etwa 50 Metern zu gewinnen, die kräftigen Winde halten die Mühlräder in Bewegnung und ermöglichen somit, von dem wertvollen Gut zu schöpfen. Die Farbgebung der örtlichen Weiden und Pflanzen veranschaulicht die Halbdürre, von Winden und Kälte gegeißelte Beschaffenheit der Landschaft. Nur im Gebiet von Salinas Grandes[1] finden sich wie durch ein Wunder der Natur einige Quellen[2] sprudelnden Wassers. Von den Einheimischen werden sie als *lloradores* bezeichnet, was wörtlich d*ie Weinenden* heißt. Dieses Wasser ist trinkbar und damit wird die Gegend lange Zeit zumindest teilweise versorgt, vor allem die *campamentos* von Riacho und Larralde sowie die Strände Bengoa und Fracasso am Golfo San José. Das Wasser wird direkt verwendet sowie in Tonnen und allen nur verfügbaren Gefäßen gespeichert.

Die so raren Regentage werden in der Gegend gepriesen – wenn es soweit ist, stellt man in Reihe Töpfe, Kessel, Eimer und Fässer auf, um den Regen einzufangen. Die Knappheit hat die Menschen gelehrt, sorgsam mit dem Wasser umzugehen und es zu schützen. Darüber hinaus wird Wasser auf Lastwagen aus Puerto Madryn gebracht und in den 1990er-Jahren errichtete man in Puerto Pirámides, dem einzigen Hafenort auf der Halbinsel, eine Entsalzungsanlage, mit der Salzwasser zu Trinkwasser aufbereitet wird. Das erweiterte die Möglichkeiten für alle Bewohner im Umkreis enorm, denen die Anlage offen stand. Aber in den *campamentos* ist es auch heute noch eine komplexe Angelegenheit, Wasser zu bekommen und aufzubewahren.

Reich ist nicht unbedingt der, der viel hat, sondern der, der wenig braucht. Letzten Endes sind das Einzige, was wir aus diesem Leben mitnehmen, unsere eigenen Erfahrungen.

FORT SAN JOSÉ

Er ließ den Blick um sich schweifen und war davon überzeugt: *Bewohnen* heißt, *dem Raum einen Sinn zu geben*. Worte und Redewendungen gingen ihm durch den Kopf wie: *haben, besitzen, besetzen, sein Eigen nennen, da sein, leben* – und er kam zu der These: *Bewohnen heißt, sich zu bewohnen, in sich zu Hause zu sein.*

Sein Blick wanderte in die Zeit zurück, wie um eine ferne Erinnerung wiederzugewinnen und sich versuchsweise in die Haut derer zu versetzen, die vor vielen Jahren hier gelandet waren[1], um im Namen der weit entfernten Krone Spaniens an diesen ebenso schönen wie unwirtlichen Orten Station zu beziehen, die heute Península Valdés und Golfo San José heißen. Welche Bedeutung mochten diese Worte wohl für diese Menschen damals gehabt haben? Was war ihr Maß – neben der sich unendlich erstreckenden Landschaft und dem ewigen Pfeifen des Windes? Welche Ängste lagen darin und welche Sehnsüchte?

Er stellte sich vor, wie die Ankömmlinge damals von nichts als der Landschaft in Empfang genommen wurden: ihrer Weite. Er dachte auch daran, dass ein Leben nur dort möglich war, wo es Süßwasser gab, und verknüpfte nach und nach all die Geschichten, die man ihm erzählt hatte: die unermüdliche Suche bis hin in das Gebiet, wo sich aus Regenwasser eine Lagune gebildet hatte[2]; die immer wieder neuen Rundgänge und Erkundungen während der starken Winde; die Entdeckungen in der Umgebung – bis man schließlich die erste Ansiedlung weit und breit gründete. Sie bekam den Namen *Fuerte de Nuestra Señora de la Candelaria* (Fort unserer Jungfrau von Candelaria) oder auch *Estancia del Rey* (Estancia des Königs)[3], im Lauf der Zeit erlangte sie jedoch als *Fort San José* größere Bekanntheit.

Dort wurde das erste frische Brot gebacken, das es hier in der Gegend je gab. Mit dieser Absicht im Hinterkopf hatte man *hornos de fierro*, Eisenöfen, mitgebracht. Er sah vor sich, wie sie den Duft genüsslich einatmeten und das noch warme Brot teilten. Er stellte sich die Freude vor, als sie auf die Quellen der Salinas Grandes, der Salzseen, stießen, und vermeinte, die ersten Siedler vor sich zu haben, wie sie das Spital, die Festungsanlage und einen Gemüsegarten anlegten, sicher der erste im weiten Umkreis.

Doch trotz all dieser Urbarmachung, die sie unter größten Anstrengungen allmählich voranbrachten, ließ der Skorbut ihnen keine Ruhe, Tag für Tag starb einer. Die Menschen verzweifelten, viele flehten weggehen zu dürfen, diese Einöde zu verlassen, die bei jedem Schritt an ihren Illusionen nagte. Sie erhielten die Erlaubnis – doch eine kleine Gruppe beschloss zu bleiben, gehalten von einem geheimen Zauber. Er wusste, dass einige Jahre lang in begrenztem Umfang Mensch und Vieh umherzogen, von einem befestigten Lager zum nächsten, auch, dass sie große Lehmsteine und Ziegel herstellten. Und so nahm das Leben seinen Lauf. Im August 1810, nicht lange, nachdem mit der Unabhängigkeitserklärung jener berühmte erste *Schrei der Freiheit* ausgestoßen worden war und die neue Regierungsjunta gerade beschloss, den Wachtposten von San José zur Kostenersparnis aufzulösen, überraschte genau dort der Tod jene Männer, die zurückgeblieben waren – am Sonntag, den 7. August, während man die Messe des San Cayetano feierte. Von den fast zwanzig überlebten nur fünf diesen plötzlichen Überfall der Ureinwohner, der Tehuelche, es gelang ihnen, aus der Gefangenschaft zu fliehen. Sie wanderten unter dem weiten und kalten patagonischen Himmel und erreichten schließlich mit Mühe und Not die 500 Kilometer nördlich gelegene Ortschaft Carmen[4].

Während er sich die Entfernungen und die widrigen Witterungsbedingungen des Schauplatzes ausmalte, überlegte er, dass ihnen vielleicht der Umstand besondere Kräfte verliehen hatte, dass sie für das Einzige eintraten, was sie wirklich besaßen – ihr Leben. Genau wie diese anderen, die versucht hatten, ihnen ein Ende zu bereiten. Paradoxe auf der unablässigen und verzweifelten Suche nach dem eigenen Sinn.

Quelle: Lucio Barba Ruiz in »Acontecimientos Históricos de Península Valdés« (Historische Ereignisse auf der Halbinsel Valdés)

[1] Im Jahr 1779.

[2] Heißt heute zu Ehren des ersten Entdeckers Playa Villariño.

[3] Heute Playa Fracasso.

[4] Carmen de Patagones liegt im südlichsten Zipfel der Provinz Buenos Aires.

Die Straße machte eine letzte Kurve und hinter den *bardas*, den typisch patagonischen Gesteinsforma-tionen, tauchte ein Blau auf, welches in seiner Farbkraft nicht intensiver sein konnte: der Golfo Nuevo erstreckte sich vor ihm und füllte seine Sinne mit Farben und Wundern.

Was war das dort draußen, mitten in diesem Blau? Er versuchte, genauer hinzusehen: Immer wieder er-schienen da riesige, dunkle Körper, die sich aus dem Wasser erhoben oder über die Wellen sprangen. Und da wusste er es: einige Bewegungen, Flossen, Drehungen, einer, zwei – es waren Wale[1]! Wie viele? Er ver-mochte nicht, sie zu zählen. Er ging noch ein Stück näher ans Ufer, stieg zum Strand hinab und es war ihm, als würden auch die Wale aus der Ferne näherkommen. Er wusste, dass sie recht zahm waren, langsam in ihren Bewegungen, neugierig.

Er traute seinen Augen kaum, fühlte sich wie in eine andere Zeit versetzt und fragte sich, ob es Muttertiere mit ihren Kälbern seien oder mehrere Ausgewachsene, denn es war auch die Zeit für die Fortpflanzung. Zeit, um an diese nahen Strände zu ziehen, sich zu zeigen, voller Liebe und Pirouetten, in einem Moment durch die Luft zu fliegen und im nächsten massig ins Wasser zu stürzen – inmitten einer Wolke aus Was-sertropfen, Schaum und Dampf. Ihre Gestalt mutete prähistorisch an. Voller Bewunderung entschied er, dort über Nacht zu bleiben. Mit Einbruch dieser wurden die Wale ungeheuer beredt, als wollten sie, dort draußen in der Dunkelheit, an ihre Gegenwart erinnern. Als er am nächsten Morgen aufstand, waren sie noch da – ihr Gesang voll dunkler Töne, fast regungslos. Er blieb und wartete, wartete auf dieses Auftauchen aus den Wellen und das neuerliche Verschwinden, alles geriet in Bewegung und hier und da färbte sich das Wasser schwarz. Auf einmal wurde ihm klar, was dieses Bild gewesen sein mochte, welches Juan de la Piedra vor so vielen Jahren, anno 1779[2], in sein Logbuch geschrieben hatte, hier im Golfo San José, voller Bewunderung für dieses wundervolle Schauspiel vor seinen Augen: »Ein Meer, über und über mit schwarzen Kerzen geschmückt«.

Er hörte einen Schrei hinter sich, drehte sich um und sah zum ersten Mal die an diesem Rand der Welt gefürchteten Orcas. Einer neben dem anderen – eine ganze Reihe großer schwarzer Rückenflossen ragte aus dem Wasser. Leicht und behende durchkreuzten sie die Wasserfläche, näherten sich wagemutig der Küste, um auf ihrer Jagd bis auf den Strand vorzudringen.
Ein Schauder lief ihm über den Rücken, so lange schon hatte er das sehen wollen und nun waren sie da, vor seinen Augen. Sie bewegten sich hin und her, arbeiteten im Team, vorneweg der Anführer, die anderen folgten. Die Seelöwen an Land spürten die Gefahr, das Universum schien zu verstummen, die Zeit stillzustehen. Sein Blick fesselte sich dorthin, wo die schnelle Angriffstaktik der Orcas die Seelöwenjungen

auslieferte: grausame Spiele, um den eigenen Jungtieren das Jagen beizubringen. Den Blick auf das Leben gerichtet, dazwischen der Schmerz, die Ohnmacht dieses Zeugen des Geschehens.

Er stand immer noch da, sah sie, obwohl sie schon gar nicht mehr da waren. Jeden Winkel dieser Strände kannte er, denn er war Hüter in diesem Naturschutzgebiet von Punta Norte auf der UNESCO-geschützten Halbinsel Valdés, dem Ort, der von den Schwertwalen bevorzugt wird. Dieses Geschehen war sein erster Kontakt mit ihnen. Mit eigenen Augen hatte er gesehen, wie sie im Schutz der an den Strand heranspülenden Wellen pfeilschnell auftauchen, nahezu auf den Strand auflaufen, um die ungeschützten und sorglos im seichten Wasser spielenden Seelöwenbabys zu erbeuten. Er ahnte nicht, dass er der erste Mensch in Südamerika war, der dieses Phänomen beobachtet hatte. In dieser Nacht schlief er nicht, in Wachträumen erschienen sie ihm – ihre großen Mäuler, zielgerichtete, starren Augen. Er war von diesem Mysterium in seinen Bann gezogen.

Man nennt Orcas auch Killerwale, dabei sind es keine Wale, sie gehören zur Familie der Delfine. Deshalb sind sie so wendig und geschickt, können sich derart frei bewegen und sich zeigen.
Von jenem Tag an sah er sie mit anderen Augen, er folgte ihnen und hatte das Gefühl, dass auch sie seinen Blick erwiderten. Allmählich erkannte er sie an ihren Finnen, im hinteren Körperbereich regenerierte ihr

---

[1] Barten- bzw. Glattwale der Gattung »Eubalaena Australis«, auch als »Südkaper« oder »Südliche Glattwale« bekannt. Sie kommen jedes Jahr zwischen Juni und Dezember an die Küsten des Golfo Nuevo, um sich dort zu paaren. Die Tragzeit dauert ein Jahr, im Anschluss daran kehren sie für die Geburt in dasselbe Gebiet zurück.

[2] Am 5. Januar 1779 schrieb Juan de la Piedra an der Einfahrt zum Golfo San José in sein Logbuch: »So viele Wale, dass es, wenn sie prusten, aussieht, als sei das Meer voller Kerzen.«

[3] Juan Carlos López war von 1974 bis 1986 im Naturschutzgebiet von Punta Norte tätig. 1985 veröffentlichte er mit seiner Frau Diana den weltweit ersten Bericht über das absichtliche Stranden von Orcas: »Killer whales (Orcinus Orca) of Patagonia, and their behavior of intentional stranding while hunting nearshore« (Journal of Mammalogy, 66 (I).181-183)
Dieses Auflaufen der Orcas auf den Strand, um zu jagen, findet nur in Punta Norte und auf den Crozetinseln im Indischen Ozean statt. Genetisch gibt es keinerlei Verbindung zwischen den beiden Spezies, und es ist nicht bekannt, wann oder wie sie diese Technik entwickelt haben, die wie ein kulturelles Erbe von den Müttern an die Jungtiere weitergegeben wird.

Gewebe nicht und so behielten sie erkennbare Narben. Auch die weißen Flecken hinter den Augen und auf dem Sattel waren individuell. So entdeckte er nach und nach ihre besonderen Kennzeichen und jedes Tier gewann eine eigene Identität, *Bernardo, Mel, Des.* Er erkannte sie von Weitem und wenn er seine Kontrollgänge an der Küste machte, klatschte er in die Hände und ihre Fluken schlugen zur Antwort wie ein Echo aufs Wasser. Nun wartete er auf sie, machte sich Aufzeichnungen. Noch wusste er nicht, dass er ausgehend von dieser beständigen Forschungsarbeit später einmal durch die Welt reisen und in Vorträgen an Universitäten sowie in Aufsätzen darüber berichten würde. Indem er ganz nah bei ihnen war, gelegentlich schwammen sie beim Tauchen sogar um ihn herum, konnte er feststellen, dass sie normalerweise keine Menschen angreifen. Zu diesem Zeitpunkt war nur ein Zwischenfall aus den USA bekannt.

Seither patrouillierte er an den Stränden und beobachtete die verschiedenen dort lebenden Tierarten, besondere Resonanz entwickelte sich jedoch weiterhin zwischen ihm und den Orcas. Er folgte ihnen, sah ihnen zu, lernte sie jeden Tag ein bisschen näher kennen – und wünschte sich, dass sie immer frei sein mögen. So kam es dazu, dass die Welt allmählich Notiz von ihm nahm, dem erfahrenen Naturschützer von Punta Norte[3].

Am 14. April 1989 war López der erste Mensch, der mit Orcas tauchte. Er wollte sie möglichst beim Fressen unter Wasser filmen und prüfen, ob sie Menschen angriffen. Diesen Versuch führte er gemeinsam mit Paul Atkins in Punta Norte durch.

Der einzige Angriff eines Orca auf einen Menschen ereignete sich am 9. September 1972 in Doc Sur in Kalifornien. Der 18-jährige Surfer Hans Kretschmer musste mit 100 Stichen am linken Oberschenkel genäht werden. Der Angriff wurde als Fehler des Orca eingeordnet, der das Surfbrett mit einer Seerobbe verwechselte.

Der Mate-Tee[1] ist ein treuer Wegbegleiter, Tag und Nacht bereitet, die Seele zu wärmen. Während der Arbeit, wenn es gilt, Kisten zu stapeln, Fische zu sortieren und auszunehmen. Wenn die Kälte bei sinkendem Wasser beißender wird, bringt irgendwer an diesen langen Nachmittagen des Wartens die nötigen Utensilien mit in die Runde. Morgens in der Früh stellt der Erste, der aufsteht, den Kessel aufs Feuer und nimmt wie in einem altvertrauten Ritual den auf dem Tisch wartenden Mate-Becher in die Hand. Manche benutzen traditionell eine *calabaza*, einen ausgehöhlten Kürbis[2], andere bevorzugen ein Behältnis aus einem anderen Material wie Holz oder Ton. Der Trunk bleibt derselbe.

Das grüne Kraut, die *yerba mate*, wird in das Gefäß gestreut, die gröberen Teile durchmischt mit feinem Pulver. Wenn das Wasser die richtige Temperatur hat, wird zunächst ein wenig in das Gefäß gefüllt, bis das Kraut bedeckt ist. Sobald es aufgequollen ist, wird die *bombilla*, das Trinkrohr, leicht schräg hineingetaucht und erneut mit heißem Wasser aufgefüllt. Werden dann Schaum und Bläschen sichtbar, beginnt der Mate seine Runde. Einer nach dem anderen trinkt aus demselben Becher, reicht diesen nach einigen Schlucken an den *cebador*, den Ausschenkenden zurück, der Wasser nachfüllt und ihn an den nächsten gibt.

Es bedarf nicht vieler Worte, ein Blick – und der Mate geht von Hand zu Hand, *kühlt Träume ab*, in einer vereinten, sich zeitlos fühlenden Gemeinschaft. Worte huschen von Mund zu Mund, Bekenntnisse, hin

---

[1] »Mate« heißt der traditionelle argentinische Kräutertee aus den Blättern der yerba mate (Ilex paraguariensis), einer Pflanze aus den Flussgebieten am Paraná, Paraguay und dem oberen Lauf des Uruguay. Getrocknet, geschnitten und gemahlen werden die Blätter dieser Pflanze zur Yerba Mate. Aufgrund der darin enthaltenen Tannine schmecken die Blätter leicht bitter, daher wird der Mate-Tee gelegentlich mit Zucker, Honig, Stevia oder kalorienfreiem Süßstoff gesüsst. Der Schaum, der beim Aufgießen entsteht, kommt von den in der Yerba Mate enthaltenen Glykosiden. Mate-Tee wird seit präkolumbischer Zeit von den ursprünglichen Guaraní-Völkern getrunken und wurde schnell von den spanischen Kolonialherren übernommen.

[2] Das traditionellste Gefäß für Mate-Tee ist das ausgehöhlte Ende vom Flaschenkürbis. Vor der ersten Verwendung wird es einige Tage lang mit Wasser und Teeblättern »geheilt« (auf Spanisch: *curado*).

und wieder eine längere Stille, vielleicht zwischendrin Lachen, Erinnerungen – man sitzt ums Feuer beisammen. Ein Feuer, um Einsamkeiten zusammenzubringen und sich ohne Hast das Leben einzuschenken, Schluck für Schluck Erinnerungen aneinanderzureihen.

Manche trinken den Mate-Tee lieber süß, andere bitter. Letzteres ist etwas für *echte Kerle*. Die bescheidene, alltägliche Gegenwart des Mate gleicht einer Hinterlassenschaft, einem Erbe der eingeborenen Völker und der *criollos*[3] zugleich. In diesem Getränk, welches wie Lebenssaft durch den Körper rinnt, fließt alles zusammen. Der Mate, der einen in der Traurigkeit begleitet und ebenso neuen Auftrieb gibt, der nach Brot schmeckt, wenn man hungrig ist; beim Warten den Rücken warmhält, den Händen neue Kraft verleiht.

In diesem durchwanderten Leben erinnert sich jeder noch gut an den Tag, als das Erwachsensein begann: Er hatte sich seltsam gefühlt damals, starrte vor sich hin, ohne wirklich etwas zu sehen, verloren in jegwelchen Winkeln der Stille. Damals war es gewesen: Den Teekessel fest in der Hand, hatte sein Körper von ihm verlangt, diesmal ohne Gesellschaft Mate zu trinken. Vollkommen allein, entspannt, die Hände um das lauwarme Kürbisgefäß gelegt, das neuen Mut gibt, die Lebensgeister stärkt. Eine Stille, ohne dass es irgendwen oder irgendetwas sonst braucht, Mund und Trinkrohr in intensivem stummen Dialog.[4]

---

[3] Als *criollos* werden im lateinamerikanischen Spanisch seit der Kolonialzeit diejenigen bezeichnet, die europäischer Herkunft, jedoch auf dem amerikanischen Kontinent geboren sind. Im Unterschied zum *indígena*, einem Angehörigen der indigenen Völker, war der *criollo* (von Portugiesisch *crioulo*, was wiederum von *criar*, aufziehen, kommt) das in Amerika geborene Kind europäischer Eltern (normalerweise aus Spanien) oder auch nur von solchen abstammend.

[4] Einem argentinischen Sprichwort nach ist man dann erwachsen, wenn man zum ersten Mal allein Mate-Tee trinkt.

Die Fischerei ist zweifellos ein Betätigungsfeld voller Rituale, in dem auch die Art, wie man sie auszuüben hat, weitervererbt wird. Aufbewahrung und Haltbarmachung der Meeresernte bleiben ebenfalls stets der Tradition treu und die besten Zubereitungsgeheimnisse werden flüsternd von Generation zu Generation weitergegeben. Jede Familie hat ihre Geschichte, ihre eigene Art.

Da die meisten dieser Menschen Einwanderer sind, passt hier gut der Begriff *Transhumanz*, sprich: Wanderwirtschaft. Er meint diejenigen, die *dem Dampf der vertrauten Gerichte folgen*[1], und genau so scheint es zu sein, denn neue Siedler brachten die Erinnerung an alte Aromen und Geschmäcker mit und ihre Speisen enthielten die Wärme der Nostalgie.

Die Italiener als anerkannteste Gruppe in jener Zeit benutzen zum Konservieren Salz. Kühlung kannte man noch nicht. *Anchoas*, Sardellen, gibt es viel in dieser Gegend und sie sind sehr gefragt. Man bereitete sie in großen bauchigen Fässern zu, erst eine Schicht Fisch und dann eine mit Salz, dann wieder Fisch, Salz, fortlaufend, bis alles bedeckt war. Obendrauf kam ein etwa fünf Zentimeter dicker Holzdeckel, um die Sardellen platt zu drücken, bis der Fisch Saft absonderte. Drei Monate ließ man das Ganze ruhen. Auf diese Weise zubereitet, hielt sich der Fisch sehr lang, manche behaupteten sogar, auf unbestimmte Zeit, wenn es gut gemacht war. Wenn die Delikatesse fertig war, wurde sie aufgeteilt und gemeinsam verspeist.

Manchmal spielte dazu jemand auf einer Mandoline ein neapolitanisches Lied und die ganze Einwande-rergemeinde schien im geselligen Rundgesang ihre Erinnerungen aufleben zu lassen.

Ähnlich wurde es mit dem *Pez Gallo* gemacht, *Pflugnasenchimäre:* Nachdem man die Fische eine Weile in den bauchigen Fässern in Salz eingelegt hatte, nahm man sie wieder heraus und ließ sie auf einem Gestell trocknen. Fast sah es aus wie aufgehängte Wäsche, ein Fisch neben dem anderen. Alles Strategien, damit die Zeit ihre Erzeugnisse – und die in ihnen lebenden Erinnerungen – nicht beeinträchtigte. *Konservieren* und *für etwas sorgen* sind zwei gute Begriffe, die das Leben der Fischer prägten und begleiteten. Das war ihr Verständnis vom Weg, damit die Natur weiter großzügig sein konnte.

Mit den Jahren und der zunehmenden Ernte von Meeresfrüchten eroberte der *Escabeche* einen Lieblings-platz unter den Zubereitungsarten. Diese Art, gekochte und köstlich gewürzte Lebensmittel haltbar zu machen, stammt manchen zufolge von den Arabern, besonders zu eigen gemacht haben sie sich jedoch die Spanier. Und jeder pescador artesanal, der etwas auf sich hält, weiß, wie man einen guten Escabeche zubereitet: Die Zubereitung an sich hatte schon etwas Feierliches an sich, ging es doch um nichts Gerin-geres, als diese Früchte, die sie aus dem Meer gewonnen hatten, zu konservieren. Von dem Moment an, in dem sie die nötigen Utensilien zusammengetragen hatten, breitete sich eine gewisse Vertraulichkeit unter den *Köchen* aus. Meeresfrüchte und Fisch müssen unterschiedlich behandelt werden. Da es für die Herstellung nicht nur eine einzige Vorgehensweise gibt, steuerte jeder seine Meinung bei. In einem waren sich alle einig: Grundlegend war Essig, denn die Säure ermöglichte die gewünschte Konservierung. Dazu kamen Öl, Lorbeer und unbedingt ein paar Pfefferkörner. Manch einer mochte vielleicht auch etwas Paprika hinzufügen, damit wurden die Farben betont. Schon allein der Anblick machte Appetit. Ebenso unerlässlich war die passende Kochzeit der Zutaten und die Art, wie man Mohrrüben und Zwiebeln klein schnitt, ganz sorgfältig und geschickt in schöne Formen. Und auch nach dem Abfüllen in die Gläser wurde das Ganze noch einmal im Wasserbad abgekocht, um gute Haltbarkeit zu garantieren. Zum Schluss vermerkte man das Herstellungsdatum und ab mit den Gläsern ins Regal – jetzt hieß es nur noch warten, bis der Erste dieser verführerischen Mischung aus Aroma und Farbe nicht mehr widerstehen konnte.

DAS BLAU KOMMT

Ich wusste, dass er ein alter Kenner dieser Küstenstriche war, ein pescador artesanal mit langjähriger Erfahrung. Nun bat ich ihn, mir zu erzählen. Den Blick aufs Meer gerichtet, begann er versonnen seine Erinnerungen hervorzuholen. Ich saß neben ihm und lauschte, wie er von einem Thema auf das nächste

[1] So formuliert es Atahualpa Yupanqui, ein argentinischer Dichter und Folklore-Musiker (1908-1992).

kam, den Sprüngen seines Gedächtnisses folgend. Sie lebten in Puerto Madryn gleich am Wasser, neben dem historischen Haus der Familie Derbes, dem ersten aus Ziegeln und Stein errichteten Gebäude in der Stadt. Fünfzig Meter weiter gab es eine Fabrik, in der Fisch und Garnelen weiterverarbeitet wurden. Der Vater hatte eine *chalana*, sie fischten mit Netzen und sammelten *pulpos*.

Plötzlich schwieg mein Gesprächspartner, mit einem Lächeln auf den Lippen – er erinnerte sich, wie er am Strand und auch im Ort immer barfuß lief. Die Fischer navigierten in Küstennähe und mussten der Präfektur jede Ausfahrt melden. Die war nicht allzu weit weg, nur etwa 500 oder 600 Meter, und für gewöhnlich rannte er dorthin, weil er der Kleinste war. Auch seine Geschwister liefen barfuß umher und trugen selbst im Winter kurze Hosen. Die Turnschuhe waren für die Schule reserviert, den Rest des Tages musste es ohne gehen. Ihre Haut war von der Kälte abgehärtet, sie waren daran gewöhnt. Er erinnert sich, wie die rot gefrorenen Ohren schmerzten oft hatten sie Frostbeulen und immer rauhe Wangen.

Sie hatten nur wenige Mittel zur Verfügung, deshalb brachte der Vater ihnen allen von klein auf bei, was sie tun konnten, um es besser zu haben. Sein Vater arbeitete im Hafen und hatte zusätzlich eine *despensa*, einen improvisierten Laden bei ihnen zu Hause. Aus Fett und Natriumhydroxid stellten sie Seife her; mit Hefe aus Hopfen machten sie hausgemachtes Brot, wobei als Backformen in der Mitte durchgeschnittene 5-Liter-Ölbehälter herhalten mussten. Dort füllten sie den Teig hinein und ab in den Ofen! Nichts schmeckte besser als dieses frisch gebackene, noch ofenwarme Brot, sann er. Wasser holten sie in Fässern, einen Wasseranschluss gab es nicht, ebenso nicht Strom oder Gas, alles wurde mit Brennholz betrieben welches sie natürlich ebenfalls selber sammelten. Sie wussten, welches Holz gut dafür geeignet war. Strom wurde mit der Windmühle produziert und sie luden 12-Volt-Batterien mit dem Dynamo auf.

Schon als Kinder hatten sie an diesem Ort also viel gelernt, durch ihre spezielle Lebenssituation. Zum Fischen brauchte es Wind aus West oder Südwest, er musste immer aus diesen Richtungen kommen, damit es keine Wellen gab. Die Wellen trübten das Wasser und die Fische zog es nicht in Küstennähe, zudem schwappte das Wasser bei Seegang ins Boot.

Die Kinder mochten es, die Netze auszuwerfen, und jedes hatte seine eigene Aufgabe. Einige hielten die Seilenden an Land fest, andere fuhren mit dem Boot eine halbmondartige Kurve zehn bis zwanzig Meter von der Küste entfernt und versuchten von da aus, die Fische direkt mit dem Sack zu erwischen, der in der Mitte des Netzes angebracht war.

Besonders gern erinnert er sich an den Fang der großen Kalmare, die im Volksmund *tótalos* oder *tótaros* genannt werden. Sie wurden nachts gefangen, wenn das Meer sich zurückzog. Dann blieben die Kalmare auf dem Sand zurück und machten ein seltsames Geräusch, wie ein Prusten oder Schnalzen, und die Fischer leuchteten sie mit ihren Taschenlampen an. Das Licht lockte die Tiere und machte sie zu leichter Beute.

Die alten Italiener hatten ihnen beigebracht, wie man Fallen für die Tintenfische baut: Dicht nebeneinander wurden Köder ausgelegt und so konnten sie die Kraken zuweilen sogar vom Kai aus fangen.

Doch am liebsten mochte er es, wenn sie nachts am Strand entlangliefen und dieses Prusten in der Dunkelheit ihnen verriet, wo die Kalmare sich aufhielten. Das war ein Abenteuer, des nachts im Dunkeln einem Geräusch hinterherzujagen und sich beeilen zu müssen, denn sobald das Wasser stieg, wurden die Tiere von den Wellen wieder ins Meer zurückgetragen. Lag das Meer ganz glatt da und sie fuhren mit dem Boot zum Fang hinaus, wurde die Unterseite der *chalana* schwarz eingefärbt von der Tinte.

Wiederum plötzliches Schweigen. Er verharrt einen Augenblick und sagt schließlich, wieder mit einem Lächeln: »Das Blau kommt«. Und erinnert sich, wie alle mit einem Mal nach Osten schauten, in die immense Weite des Meeres. Von dort kam an sehr heißen Tagen die Brise, kündigte sich dunkel an und würde wenige Minuten später die Küste erreichen. Sie konnten es fein unterscheiden: Wenn der Wind mit Unterbrechungen wehte, der Horizont ein Stück dunkel und dahinter weiß, würde es kurze Zeit später wieder ruhig sein. Doch wenn es dunkel war und die Wellen *Schäfchen* glichen, dann hörte es nicht mehr auf und die Wellen würden sich höher und höher aufbäumen.
Mehr sagte er nicht. Still saß er da, in Gedanken – vielleicht inmitten dieser mit Erinnerungen beladenen Wellen, die ihm das Gefühl gaben, ein solcher Blick zurück sei gleichbedeutend damit, das gesamte Leben noch einmal durch sein Herz ziehen zu lassen.

Die Meeresbucht San José

Der Wind hat sich gelegt.
Heute schenkt Gott uns mildes Morgenrot,
heute wird's ein guter Fang, sagt der alte Seemann,
der Taucher ruckt an seinem Neoprenanzug.
Die Fischerboote schaukeln schon
im klaren Wasser des Golfo San José.

Wenn es nur jemand in Worte fassen,
davon erzählen könnte,
seine Stimme dem Wind
mitgeben und diesen Ort zeigen könnte,
diesen Golfo San José.

Diese Landschaft sondergleichen,
der Hände Arbeit auf dem Meeresgrund.
Wie schön zu sehen,
dass meine Leute eine Zukunft schmieden.
Wind und Gezeiten trotzend
vertrauen sie auf die Heimat,
das Gesicht gegerbt von Sonne und Kälte,
streben sie nach einer besseren Zukunft –
mit Hoffnung und Salz und Stolz darauf,
Fischer zu sein
im Golfo San José.

Das Fischerdorf El Riacho

Riacho San José –
ein kleines Dorf
mit großen Geschichten,
lebendig im Gedächtnis
dieses Fischervolkes.
Nicht zufällig entstand es hier.
Alle wählten es freiwillig,
wollten hier Wurzeln schlagen.

Zwar gibt es graue Tage,
doch lieben wir das Blau des Meeres
und alles rund um uns herum –
unsere Straße, unsere Schule
und diese Reihe kleiner Häuser
mit rauchenden Schornsteinen.

Vielleicht gehe ich eines Tages fort,
doch immer wieder werde ich zurückkehren
zum Sonnenaufgang –
mein Riacho San José.

Señora Senovia Herminia Curumil de Mateo

Sie baten mich herein. Mit der Nacht war Regen gekommen, der Südostwind blies die Flut heran. Die Wellen klatschten gegen den Strand und die Menschen blieben in den Häusern. Ich wartete auf den Lieferwagen, der mich abholen sollte, und freute mich, die Wartezeit nicht allein verbringen zu müssen.
Die Küche war geräumig. Zwei Laternen hingen an Haken von der Decke herab und ihr gelbliches Licht warf die Schatten der Tischgäste an die Wand. Auf der einen Seite bereiteten die Frauen das Essen vor. Fein gehackte Zwiebeln und ein paar Knoblauchzehen schmorten in der Pfanne, während Reis und Miesmuscheln darauf warteten, verarbeitet zu werden. Die Muscheln kamen von einer Miesmuschelbank, es gebe keine besseren, erzählten sie mir.

Am Tisch spielten die Männer *Truco*[1]. Wie so typisch für dieses Kartenspiel, flunkerten und logen die *angemalten Pappkartons* – wie Borges sie nannte – und jeder suchte das Gesicht des anderen nach Zeichen für einen Bluff ab. Darauf kam es an, bei diesen Partien, bei denen paarweise gegeneinander gespielt wurde – wer verstand es am besten, die geheimen Signale der Kontrahenten zu entschlüsseln? Eine eigene Sprache, auch mit eigenen Begrifflichkeiten, wie zum Beispiel die Redewendung *cantar las cuarenta* zeigt. Aus dem Triumphruf beim Erreichen einer bestimmten Kartenpunktzahl entstand die übertragene Bedeutung *jemandem gehörig die Meinung sagen*[2]. Gaunereien voll *Criollo*-Schläue, Lachen und Wein und der brennende Wunsch, den Triumph zu genießen, bevor er erlangt war.

Rundherum plänkelte das Gespräch, zuerst ging es um die Miesmuscheln, die bald aufgetischt werden würden. Die einen sagten, die von der Küste seien besser, andere blieben dabei: Kein Vergleich mit denen von den Miesmuschelbänken, von denen die Taucher draußen im Meer ernteten.

Hitzig wurde es beim Thema der *marea roja*, der Roten Flut oder Algenblüte. Die Fischer aßen das ganze Jahr über Meeresfrüchte und glaubten nicht an eine Gefährdung durch zu hohe Toxinwerte. Sie waren fest überzeugt, dass dies nur eine Handelsstrategie sei. Sie alle hatten schon Muscheln gegessen, die über den üblichen, an Mäusen getesteten Schadstoffgrenzen lagen, ab denen das Verbot griff – und nichts war passiert. Wenn sie sich nicht ganz sicher waren, warfen sie zuerst einer Katze ein paar Stücke vor und warteten, wie die reagierte. Bisher strichen alle Vierbeiner weiter gesund und munter in der Siedlung herum. Was gab es denn schon für einen Unterschied zwischen Katzen und Mäusen? Das Gelächter floss mit dem Wein, das Gespräch wurde lauter. Wieder andere waren sich sicher, das Verbot solle nur dafür dienen, die Ressource zu erhalten.

Einer sagte, am gefährlichsten überhaupt sei, den Fisch im Mondlicht liegen zu lassen. Dann verderbe er schnell, deshalb müsse man immer gut aufpassen und ihn zudecken. Das Wasser im Inneren der Fische beschleunige die Prozesse ebenfalls. Ein anderer rief dazwischen, es gebe nichts Leckereres als *navajas*,

Schwert- oder Scheidenmuscheln. Nur sei es derart schwierig, sie aus dem Sand zu lösen, bei dem Versuch zerbrachen sie häufig. Der Preis, sie hervorzuholen, sei hoch und somit auch der spätere Verkaufspreis. Ein Leckerbissen für spezielle Gelegenheiten.

Irgendwann kamen sie auf das Thema Ängste. Einer erzählte, dass er im Golfo San José nichts mehr fürchtete als das Auftauchen eines Wals. Vor den Walen habe er sogar größere Angst als vor Haien, denn sie seien so neugierig und verspielt, dass sie ganz nah herankämen und sich manchmal in den Sauerstoffschläuchen verfingen. In dem Fall ging dem Taucher die Luft aus, und überhaupt: So dicht neben einem solch riesenhaften Körper fühlte man sich, als schlage einem das letzte Stündchen.
Als das Essen fertig war, wurden die Karten weggepackt und der Tisch gedeckt. Eine große Pfanne kam in die Mitte und nach und nach langte jeder zu. Lachen, Zweifel, Sorge, Kälte, Schmerz – alles wurde hier geteilt – wie auch die Träume.

Über ein paar Dinge waren sich die Menschen hier völlig im Klaren: Das Leben begann vor der eigenen Ankunft und nahm auch weiter seinen Lauf, nachdem man wieder gegangen war. Doch auf dem Lebensweg hinterließ man Spuren. Abdrücke im Sand eines vergänglichen Reisenden durch dieses Leben. Auf der Durchreise bewohnte man diese Welt und hatte auch den anderen Platz zu lassen. Eine wundervolle

---

[1] Das Kartenspiel *Truco* ist in Argentinien sehr beliebt und wird quer durch alle Gesellschaftschichten gespielt. Typisch dafür sind die beiden dabei verwendeten und oft entgegengesetzt bzw. irreführend wirkenden Codes: einmal mit bestimmten Ausdrücken/Formulierungen und dann mit Gesten/ Gesichtsausdrücken, die etwas anderes durchklingen lassen wollen, um den oder die Gegenspieler zu täuschen.

[2] *Cantar las cuarenta* – spanische Redewendung, die bedeutet, klipp und klar zu sagen, was man denkt, auch wenn es hart klingt. Kommt ursprünglich aus dem Sprachgebrauch beim Kartenspiel, wörtlich: »die 40 (Punkte) singen«.

Leihgabe des Lebens und das sollte auch so weitergehen, von Hand zu Hand, Mensch zu Mensch, Dorf zu Dorf. Nur so war es möglich, den Nachkommenden eine Perspektive zu hinterlassen.

Diese Welt, die uns hält und erhält, übermittelt uns Signale einer großen Müdigkeit – gewiss ist genau jetzt der beste Moment, ihr achtsam zu begegnen. Denn das Leben ist nicht mehr und nicht weniger als das: Eine Geschichte, die jeden Tag neu beginnt.

Während ich noch in meine Gedanken vertieft war, kam man mich abholen. Ich verabschiedete mich von jedem Einzelnen und die Abendkühle begleitete mich bis zum Lieferwagen. Ich setzte mich und zog die Tür hinter mir zu. Doch kaum waren wir losgefahren, musste ich mich noch einmal umdrehen und ein letztes Bild von dieser Siedlung mitnehmen. Einige schwache Lichter bemühten sich, die Dunkelheit zu entzünden – eine Dunkelheit, der es dennoch nicht gelang, Schatten auf dieses Leben zu werfen, das die Fischer mit jedem Sonnenaufgang neu wählten. Ich blickte wieder nach vorn, auf die Straße. Verschiedene Gefühle umfingen mich bei diesem Abschied, aber etwas von der starken Energie dieses Ortes sprang auf mich über und wie von Zauberhand setzte sich in mir die frohe Gewissheit durch, dass dieses weite Patagonien mir und all seinen Bewohnern in einigen Stunden einen neuen Tag schenken würde.

124   *Danksagungen von Elida Fernández und Jutta Riegel*

Danke all jenen, die mich auf dieser Reise begleitet haben - indem sie mir Informationen geliefert, von ihren Geschichten und Erfahrungen erzählt und mir einen neuen Blick auf die wundersame Natur rund um uns herum und all das, was sie uns Tag für Tag schenkt, ermöglicht haben.

Mein besonderer Dank gilt den *pescadores artesanales*: Oscar H. Techi, Abel E. Techi, Juan N. Techi, Fortunato Painequeo, Cándida Vargas, Juan Señorelli, Gloria Noemí Mariño, Juan Felipe Mateo, Herminia Currumil und Raúl Reinaldo Díaz. Außerdem jedem einzelnen meiner Gesprächspartner, besonders nennen möchte ich den Nachkommen italienischer Einwanderer José Demonte, den Taucher Pancho Sanabra, den Naturschützer Juan Carlos López, die Tierärztin Viviana Saenz, Dr. Inés Elías und die Ingenieurin Miriam Solís vom Centro Nacional Patagónico, Herman Muller vom Amt für Tourismus in Puerto Madryn und Beatriz Meisen, die regionale Schul-Supervisorin, sowie die Siedler Guillermo Sar und Vilma Meisen auf der Península Valdés.

Dank an Jutta Riegel, die mich in diesem riesigen Patagonien überhaupt erst gefunden hat und für ihr Vertrauen. EF

Ich danke allen *pescadores artesanale*s, die mich herzlich in ihrer Mitte aufgenommen haben – insbesondere Doña Pulpa und Juan, der Familie Valdés, Gloria, Raúl und José, Lucas und Marcello, als auch der Familie des Restaurants *Marisco del Atlantico*.

Dank an Elida Fernández für die hervorragende Zusammenarbeit, ebenso an die Literaturübersetzerin Silke Kleemann.

Bei meinen patagonischen Freunden an diesem magischen Rand der Welt bedanke ich mich für ihre Unterstützung – namentlich Felicitas Mira, Diana Rubio als auch Vicky, Pablo und Felipe Sigwald in Buenos Aires.

Dem Botschafter der Republik Argentinien, Daniel Polski, sei gedankt für seine wohlwollende Förderung als auch der argentinischen Botschaft in Berlin und Thomas Leonhardt in Buenos Aires; ebenso Christa Hasselhorst in Potsdam für den Kontakt zu CORSO als auch der Buchgestalterin Anne Strasser für das gelungene, ästhetische Ergebnis. JR

URUGUAY

Buenos Aires

ARGENTINIEN

CHILE

HALBINSEL VALDÉS

CHUBUT

PATAGONIEN

© Anne Strasser

DRAUSSEN.

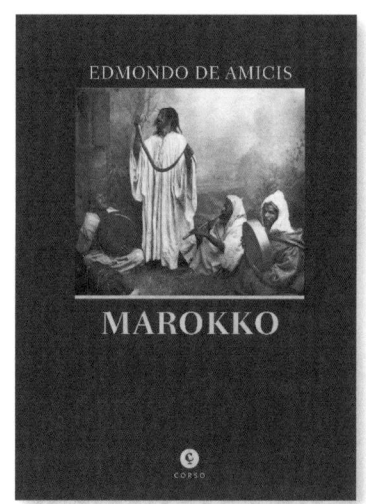

Edmondo De Amicis (1846–1908), der mit dem Erscheinen seines Romans *Cuore* 1866 berühmt und zu einem Klassiker der italienischen Literatur wurde, war auch ein neugierig Reisender. Er besuchte unter anderem Spanien, die Niederlande, Marokko, er überquerte Meere, – und er feierte Istanbul, das damals Konstantinopel hieß. Hier ist ein Fundstück zu entdecken, eine Preziose, zubereitet für heutige Leser, Entdecker, Reisende: Edmondo De Amicis großartiges Buch über Konstantinopel ist ein literarisches Geschichts-, ein romantisches Geschichtenbuch.

Es erzählt von den Menschen, Märkten und Basaren, von der Schönheit des Goldenen Horns und des Bosporus, den Frauen und Eunuchen, den Lüften und Sehnsüchten in dieser einmaligen Metropole – entstanden ist, so Orhan Pamuk: »das schönste Buch über das alte Istanbul«.

CORSO 27   Aus dem Italienischen von Annette Kopetzki, mit einem Vorwort von Umberto Eco Fadengeheftet und leinengebunden mit eingeklebtem Schild, 192 Seiten mit bedruckten Vorsätzen und vielen historischen Fotografien, Format 17 × 24 cm

Hunderttausende Europäer wandern im 19. Jahrhundert aus, emigrieren in der Hoffnung auf ein besseres Leben nach Nord- und Südamerika, wollen Armut und Trostlosigkeit, Unfreiheit und Perspektivlosigkeit ihrer Heimatländer hinter sich lassen.

Auf dem Meer ist die Geschichte der Atlantiküberfahrt von Genua nach Montevideo, die Edmondo De Amicis im Frühjahr 1884 als Chronist der italienischen Auswanderungsbewegung unternimmt:

An Bord der Galileo sind 1.800 Menschen, davon 1.600 italienische Bauern und Tagelöhner, der Rest sind wohlhabendere Italiener, Schweizer, Österreicher und Franzosen. Das Volk reist in der dritten Klasse, die Bürger in der zweiten, der Adel in der ersten – so spiegelt schon die Aufteilung der Passagiere die Schichtung der Gesellschaft, und De Amicis beschreibt diesen »Mikrokosmos mit seinen Freuden und Leiden der Menschheit«. (Erri De Luca)

CORSO 36   Aus dem Italienischen von Annette Kopetzki, mit einem Vorwort von Erri De Luca Leinenband mit eingelegtem Schildchen, 176 Seiten mit vielen historischen Fotografien, Format 17 × 24 cm, zweifarbiger Druck, Fadenheftung, bedruckte Vorsätze

Er trifft Berber, Mauren, Araber, Beduinen, Juden und Schwarze, besucht Tanger, Fès und Meknès: Edmondo De Amicis, der Klassiker der Reiseerzählung, ist mit einer großen Karawane unterwegs in Marokko. De Amicis erzählt von Schlangenbeschwörern und Pulverfesten, dem Gepränge des Sultans und der Armut der vielen, von der exotischen Schönheit der Frauen, der Architektur, der Landschaft – er staunt, schwärmt und wundert sich als Europäer über eine fremde Kultur und ihre magischen und irritierenden Eigenheiten.

Von Annette Kopetzki erstmals ins Deutsche übersetzt, bebildert mit vielen historischen Fotografien, versehen mit einem Nachwort von Ludger Lütkehaus: Band III der Werkausgabe Edmondo De Amicis' – wieder ein Buch für Leser, die Geschichten lieben, welche aus der Vergangenheit in unsere Gegenwart reichen.

CORSO 42   Leinenband mit eingelegtem Schildchen, 176 Seiten mit vielen historischen Fotografien, Format 17 × 24 cm, zweifarbiger Druck, Fadenheftung, bedruckte Vorsätze

Das West-Eastern Divan Orchestra ist zu einem lebendigen Symbol des möglichen Friedens und der Verständigung geworden, »die kleine Utopie in einer Welt harscher Realitäten«, wie die *Financial Times* schrieb. Der Geiger Georges Yammine war von Anfang an auch mit seiner Kamera dabei: »Wir können mit ein paar Noten die Welt nicht ändern – wir können nur ein Symbol sein, aber das ist schon sehr viel.«

Mit einem Vorwort von Julia Spinola und einem Interview mit Daniel Barenboim

CORSO 31 Hardcover mit Schutzumschlag
128 Seiten mit 95 Fotografien im Duotone
bedruckte Vorsätze, Fadenheftung
zweisprachige Ausgabe
Großformat 20,5 × 25 cm

»Diese Stadt lässt niemanden unberührt. Fast 4.000 Jahre bewegte Geschichte auf so wenigen Quadratkilometern, all die Schicksale und Mythen. Immer wieder brachen die Menschen in eine neue Zukunft auf, mit dem schweren Gepäck der Geschichte, immer mit neuem Mut, neuen Hoffnungen.«
IRIS BERBEN

Iris Berben streift durch diese Stadt, die historisch, kulturell und politisch einmalig ist, in der sich Islam, Christentum und Judentum eine wundersame Altstadt teilen – begleitet von den Fotografien von Tom Krausz.

CORSO 40 Hardcover mit Schutzumschlag
128 Seiten mit vielen Fotografien im Duotone
bedruckte Vorsätze, Fadenheftung
Großformat 20,5 × 25 cm

CORSO

CORSO

Herausgegeben von
Rainer Groothuis

CORSO 49
Elida Fernández | Jutta Riegel,
Die Freiheit, das Meer

1. Auflage im März 2016
© CORSO in der Verlagshaus Römerweg GmbH,
Römerweg 10, D-65187 Wiesbaden
www.verlagshausroemerweg.de

Gestaltung:
Groothuis. Gesellschaft der Ideen und Passionen mbH,
Hamburg | groothuis.de und annestrasser.de
Gesetzt aus der Fairfield
Lithografie: Anne Strasser, Hamburg
Gesamtherstellung: CPI books, Ulm
Printed in Germany. Alle Rechte vorbehalten
ISBN 978-3-7374-0727-4